U0889607

中国文化对外传播研究

张莉娟　著

线装书局

图书在版编目(CIP)数据

中国文化对外传播研究 / 张莉娟著. —北京:线装书局,2023.4

ISBN 978-7-5120-5400-4

Ⅰ.①中… Ⅱ.①张… Ⅲ.①中华文化—文化传播—研究 Ⅳ.①G125

中国国家版本馆 CIP 数据核字(2023)第 068176 号

中国文化对外传播研究

ZHONGGUO WENHUA DUIWAI CHUANBO YANJIU

作　　者: 张莉娟

责任编辑: 林　菲

出版发行: 线装書局

地　址: 北京市丰台区方庄日月天地大厦 B 座 17 层(100078)

电　话:010-58077126(发行部)　010-58076938(总编室)

网　址:www.zgxzsj.com

经　　销: 新华书店

印　　制: 唐山富达印务有限公司

开　　本: 710mm×1000mm　1/16

印　　张: 11.25

字　　数: 200 千字

版　　次: 2023 年 4 月第 1 版第 1 次印刷

定　　价: 59.80 元

线装书局官方微信

前言

中国有着五千年的历史文明，是世界上唯一未曾中断的文明。中国文化是整个人类文明的重要组成部分，更是所有华夏儿女奋斗拼搏的精神力量来源，各领域辉煌的文化成就都曾令世界惊叹。

春秋时期的“百家争鸣”诞生了中国传统思想文化的主流儒家学说，西汉开通的“丝绸之路”使得各种承载着文化内涵的奇珍异宝开始在中国和其他国家之间流通，随着佛教的传入，“玄奘西行”“鉴真东渡”让中国文化对周边国家开始产生深刻的影响，“郑和下西洋”揭开了世界大航海时代的序幕，向世界介绍了热爱和平、睦邻友好的中华民族……中国文化对外传播的脚步在近代之前从未停止。

随着鸦片战争的爆发，中国开始逐渐沦为半殖民地半封建社会，文化传播的脚步也受到来自国内外环境的种种阻碍，中国文明的发展开始逐渐落后于西方，文化传播的脚步也渐渐放缓，但是，炮火没有打倒坚强的华夏民族，也更没有让底蕴深厚的中国文化丢失本色，在近代反抗帝国主义侵略的过程，还诞生了许许多多伟大的精神，这些精神直到今天依然振奋人心，也是中国文化不可或缺的重要组成部分。

如今，随着中国特色社会主义实践的不断推进，中国文化又增添了许多新的、符合时代特色的内容，而中国优秀的传统文化的对外传播进程也在不断加快。此外，随着全球化的发展以及国际局势的变化，文化软实力越来越成为综合国力竞争的一部分，很多国家都在实施积极的文化战略，推动本国文化的输出。

因此，作为一个有着悠久历史文明的大国，中国也应当积极推动文化“走出去”战略的实施，让优秀的中国文化在世界范围内获得更广泛的认可和喜爱，这不仅有利于国家文化事业的发展，更能提高中国的国际地位，树立良好的国际形象。

本书从介绍中国文化的基本特点以及传播历史进程入手，详细分析了中国文化对外传播过程中的经验和不足，并提出了相应的解决策略，希望能对中国文化的进一步“走出去”起到积极的促进作用。

目录

第一章
中国文化概述据

中国，作为四大文明古国之一，孕育出了丰富而深远的中华文化。中国文化是整个世界文明发展的主要推动力，也是人类文明的重要组成部分。自古以来，，以儒家思想为核心的中国文化对包括日本、朝鲜、韩国等多个国家都产生过一定的影响，发展至今，已经形成了相对独立的中华文化圈，深深地影响着整个世界。

第一节　中国文化的内涵与特点

文化是什么？通俗来说，文化就是生活在一定区域内的人类的行为、思想、习俗以及各种物质财富的集合，也可以说是生活在一定环境下的人们的世界观、人生观和价值观等。其实，文化就是对一个国家或者地区的思想观念的一种呈现，是一个国家或者地区的“精神”的集中体现。

中国文化博大精深，源远流长，从未中断，从三皇五帝到夏商周，从春秋战国到秦汉，从唐宋元明清到新中国成立，一直到今天，中国文化还处于不断地丰富和优化过程之中，并且将不断地传承下去。

一、中国文化的内涵

在中华文明五千多年的历史进程中，中国文化始终在继承和发扬本民族文化的基础之上，以宽容博大的胸怀学习和吸纳世界各国的优秀文明，发展到今天中国文化已经成为一个庞大丰富的文化体系，影响着整个国家的发展进程。

中国文化的内涵主要概括三个方面，如图 1—1 所示。

图 1—1　中国文化的内涵

中庸，是儒家思想的重要核心内容，中庸之道也是古代圣人孔子所极力推崇的一种高尚的道德品质，即“至德”，它也是中华民族智慧的结晶，一直是整个中国文化的重要内涵。中庸之道用《论语》中的话来概括就是“过犹不及”，其内涵就是世界上的任何事都要把握好一个“度”，凡事都不能做得“太过”，有些事如果做得过头反而会产生不利影响。

中庸之道的智慧，最关键的就在于对“度”的把握。也就是说，中庸之道既不是要求人应当碌碌无为、浑浑噩噩地生活，也不是要求人凡事一定要做到极限，相反，中庸讲究的是一种“合理化”，是在对当下内外环境的洞察之下，作出判断然后再采取行动的一种智慧。

“凡其所行，无一事之不得其中，即无一事之不合理”，中庸绝不等同于平庸，真正的中庸其实是鼓励人们坚持“有所不为”，然后再实现“有所为”，找到最佳的行动法则，既不落后，也不偏激，做到不温不火，不偏不倚，然后再付诸实现，这才是中庸的内涵。

中庸之道，作为中国文化的核心内涵之一，可谓是为人处世的最高准则，它还包括了中国传统文化中的很多美好的品质，例如自强不息、厚德载物、刚健有为等，因而也是中华民族精神的集中体现。中庸之道，既是一种思想观念，也是一种行动准则。

和谐，也是中国文化的重要内涵之一。自古以来，中国人就有“天人合一”的理念，这其实就是实现人和自然环境和谐统一的一种观念。从古至今，无论在任何历史发展阶段，中国人都崇尚追求人与自然的一种和谐共生，与天地万物的和谐相处是改造自然的首要原则。

中国人一向追求“顺天，应人”，从这个角度来看，中国文化中的自然和人并不是处于一种相对立的关系，相反，二者是和谐统一的，“顺天”和“应人”并不矛盾。和谐的观念，从根本上来说也是一种以人为本的理念，用“和谐”

来取代“争斗”，归根到底，所强调的还是“以人为本”。这应该可以算是中国最原始的“人本主义”观，用“合作”来代替“竞争”。

在过去，西方人相信人是由神创造的，任何人做事都不得违背神的旨意，任何科学发明也旨在为宗教服务，而在中国，任何科学技术和发明创造都是为人的生产和生活来服务的，都是为了实现人和自然的和谐统一而存在的，这就是一种以人为本理念的体现。

自古以来，中国都强调“和为贵”“君子和而不同”，尽管人和人的思想观念不同，但是所有人依然可以和平地相处，这也是中国文化中和谐的体现。“求和”思想通常包括爱好和平、宽容大度、团结一致等品质。天时不如地利，地利不如人和，“和”不仅指家庭的和睦，更是指一个国家的安宁和整个世界与自然的和平相处，这是人类文明持久进步的保障。

务实同样是中国文化内涵的重要组成部分之一。中华民族自古以来就是一个务实的民族，经世致用的务实精神一直都是中国人不断创造历史的基本动力。尤其是在古代中国，科学技术的领先就是中国人“务实精神”的结果。勤劳勇敢、善于学习、自强不息的美好品质其实都是务实精神的一种体现。

在古代农耕文明形成的初期，务实精神就开始逐渐成为中华民族精神的重要组成部分之一，例如孔子的理论大多集中于当时人们的社会生活，而非“怪、力、乱、神”；王守仁在《传习录》中说“名与实对，务实之心重一分，则务名之心轻一分”；王符在《潜夫论》中提到“大人不华，君子务实”，由此可见，这种注重社会现实、崇尚实干、拒绝空想的务实精神自古以来就深深地烙印在了中华文明之中，并传承至今，成为灿烂中华文明的重要组成部分。

务实不仅仅是一种思想理念，同时还是一种行为准则，即一种从客观实际出发，实事求是，坚持用科学的态度去解决问题的一种行为模式，它坚持以人为本、知行合一，坚持人民的利益至上。在新时代背景之下，务实精神作为一种方法论，始终指导着中国特色社会主义事业的开展，是一种强大的精神动力。

无论是追求“修身养性”还是“格物致知”，个人的修为最终还要落脚到“齐家治国平天下”。不仅如此，中国本土并没有产生一种具有极高影响力的宗教，而从外部传入的各种宗教也在一定程度上被功利化、本土化，这其实都从侧面反映出了中国文化“务实”的内涵。

中国文化始终以“中庸、和谐、务实”为核心内涵，不断激励着一代又一代中国人培养自身仁爱、谦和、真诚、守信等美好的品质，也促使人们始终以“修身、齐家、治国”为价值观，以“人与自然和谐相处”为世界观。在中国这片沃土上，56个民族紧紧团结在一起，把推动构建人类命运共同体作为共同的伟大使命，不断地推动中国文化的前进。

二、中国文化的特点

中国文化源远流长、博大精深，发展至今，已经成为这个世界上最具有影响力的文化体系，是世界文明宝库中的瑰宝。中国文化主要以华夏文明为基础，充分融合全国各个地区、各民族的文化，最终发展为一个整体。

中国文化对日本、韩国、越南、新加坡以及其他一些东南亚、南亚国家都产生过深远而重要的影响，例如古代中国的四大发明以及先进的航海技术，最终促进了人类对整个世界的认知；郑和七下西洋，更是促进了中国文化的海外传播，推动了“东亚文化圈”的最终形成。如今，随着中国的不断发展，中国的国力和国际地位都得到提高，在整个世界范围内，很多国家都对中国文化给与了高度的赞赏和认同，中国文化也像是一张名片，吸引着所有人对古老中华文明的探索和学习。各国包括亚洲、欧洲在内的一些国家都对中国文化给予了高度的认同和重视。

中国文化之所能够取得今天的辉煌成就，获得如此高的地位和其本身的特点是分不开的，中国文化的特点是使其区别于其他文化的关键因素。总体来说，中国文化主要有以下几个特点，如图1—2所示。

图1—2　中国文化的特点

第一，独特性。中国文化的首要特点就是其所具有的独特性，这也是中国文明得以屹立于世界文明之林的基础。文化是一个民族的心灵和精神家园，也是一个国家的存在的重要标志，不同环境下的人受到外界各方面的影响，从而形成了各具特色的文化，所以，独特性是中国文化的首要特点。

中国，作为一个有着五千多年成长史的文明大国，其所孕育出的文化和这个国家独特的地理位置和发展进程是分不开的，尤其是中国独特的历史背景，更是其文化形成的基础。五千多年来，中国一直奉行“大一统”中央集权制的政治管理模式，政治的统一为经济和文化的发展铺平了道路。而在经济上，国营和私营并行的混合经济发展模式为文化的发展提供了物质基础。

高度统一的政治模式和灵活多变的经济体制相互扶持，共同促进中华文明的形成，且保证着中华文明的长盛不衰。尽管不断经历“改朝换代”，政治模式和经济发展模式也不断发生着改变，但是总的来说，高度统一的政治模式和灵活多变的经济体制一直都是比较稳定的，这也是中国文明能够经久不衰的原因。

中国文化的独特性是中华民族智慧的体现，例如汉字，作为中华文明独特性的重要标志以及文化的重要载体和传播方式，汉字的发展历史可以追溯到五千年前，每一个汉字都有其自身的演变过程。除此之外，中国传统的绘画、建筑、音乐、饮食等其他领域也都无时无刻不体现出中国文化的独特性。

第二，主体性。中国文化具有较强的主体性，这也是中国文化的主要特点之一。中国文化的主体性主要体现在其整体性和系统性，中国文化从起源到成型再到发展，一直都是独立的，不是来源自其他文明的。中国文化作为一个完备的文化体系和印度、西洋并列成为三大文化系统，有着其自身的成长历史和比较完备的发展过程。

在中国文化的发展历史中，有过和外界文化的交流和碰撞，但是中国文化自身始终保持着自己的本色，既没有被外来文化吞并，也没有受到外来文化过多的影响，相反，它始终积极发挥着自身的影响力，对世界文化的发展做出贡献。

在全球化飞速发展的大背景之下，各国之间的文化交流越来越频繁，文化交流的方式也越来越丰富，中国文化依然努力保持着自身的主体性，文化自信、文化自觉、文化创新等观念逐渐深入人心。在中国文化和各种外来文化相互激荡和交流的过程中，中国文化始终立足于中国特色社会主义的伟大实践，始终处于世界先进科学技术发展的前沿，不断丰富、不断创造出既保持民族特色又彰显时代精神的优秀文化。

第三，持续性。持续性也是中国文化最主要的特点之一，也是中华文明取区别于其他文明的重要标志。五千多年来，中国文明一脉相承，从未中断，它自成体系，连绵不绝，还将继续被传承下去。中国文化的持续性同时也是相对于其他文化来说的，例如印度文明，虽然它也有较长的发展历史，但是其具有一定的松散性和间断性，而中国文化则始终保持着一种连续性和聚合性的重要特征。

中国文明的持续性体现在很多方面，例如今天的社会主义核心价值观就体现出了儒家思想中的“仁”“义”等观念；再比如汉字，从甲骨文发展到现代汉字，就是一个不断延续、不断传承的过程，文字作为文化的重要载体，其延续性其实就体现着文化的持续性发展和文明的连续性，而这种文明的连续性，又使得中华民族的智慧得以传承下去，这也是中华民族不断前进的原因之一。

近年来，随着中国的和平崛起，中国文化的发扬和传承也受到越来越多的重视，更多的人开始对优秀传统文化产生兴趣，希望能将优秀的文明保存和传承下去，这也意味着中国文明在未来的发展过程中，依然会保有强大的动力。

第四，多元性。多元性同样是中国文化的重要特点之一，中国文化的多元性主要体现在：中国文化是由多种不同的地域文化融合而成的。在春秋战国时期，中国各个地域有着不同的文化，后来逐渐合并为一个统一的整体，也就是华夏文化，到了公元 1 世纪，佛教文化开始从印度传入，中国文化逐渐形成了“儒、道、释”三种文化并存的局面。

在中国历史发展的不同阶段，先后出现了先秦诸子百家之学、两汉经学、魏晋玄学、隋唐佛学、宋明理学等，这些都是各个时期中国思想文化和学术发展的体现，为后来文化的进一步发展奠定了基础，中国文化也是在各种学术思想的交流和激荡过程中不断发展的。中国文化的多元性使得中华文明呈现出丰富多彩、博大精深的特点，是塑造中华民族的精神根基的保障。

中国文化在其悠长的发展过程中始终呈现着多元发展和相互统一的趋势，是中华民族生生不息的动力源泉，更塑造出了中华民族吃苦耐劳、勤劳勇敢的美好品质，成就中华文化的灿烂与辉煌。

第五，变通性。变通性同样也是中国文化的主要特点之一。中国人一向讲究“穷则变，变则通，通则久”，这其实在文化中也有所体现，例如“上善若水”，中国人从水的流动性中感悟出变通的重要性，讲究变通也是中国人为人处世的原则之一。

中国是一个历史悠久、文化深厚的国家，中国文化一直都是整个民族的重要精神支柱。在文化交流日趋频繁的今天，中国文化始终以一种独立自信、开放包容的姿态，屹立于世界文明之林。

第二节　中国文化的类型

中国传统文化，作为中华传统文化的核心创造力，是整个中华民族在不同时期的思想文化、道德观念、精神理念的总和。

中国的传统文化主要发源于远古时期的神农氏，后来经历尧、舜、禹时代，再到夏朝建立，不同的朝代将中华文化连绵不断地延续下去，发展至今，中国文化已经成为内涵丰富、形式多样的文化。

一、中国传统文化的类型

中国传统文化的内容丰富，主要可以分为三种主流类型，如图 1—3 所示。

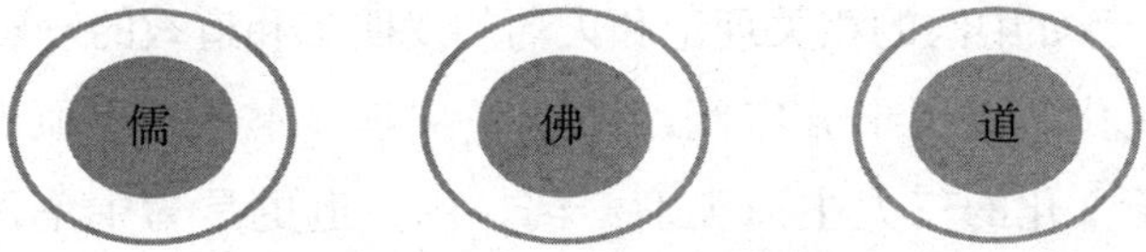

图 1—3　中国传统文化的类型

如图所示，中国传统文化主要包括儒、佛、道这三家主流文化。

首先，儒家文化是中华传统文化的最主要的组成部分，也是影响最深远的文化类型。儒家文化起源于春秋时期，创始人是我国古代著名的思想家孔子，儒家学说的核心思想主要包括：仁、义、礼、智、信、忠、恕、孝、悌、勇等观念，该学说强调个人的道德修养和理性，受到后世很多统治者的推崇。

儒家思想是中国传统文化的主流思想，对中国以及其他国家都有广泛的影响。儒家文化在整个中国文化的发展历史中占有极其重要的地位，尤其是在古代，它不仅是一种思想统治武器，还是封建文化的重要组成部分。

儒家文化在整个东亚地区也具有较大的影响力，儒学和汉字一样，在诞生不久后就传到了周边的国家，对当地的文化产生了非常重要的影响，例如在日本和韩国，很多礼仪规范和伦理道德都是儒家文化影响的结果。

其次，佛教文化也是中国传统文化的重要组成部分之一。佛教诞生于公元前 5 世纪的古印度，创世人是乔达摩·悉达多。佛教于东汉时期传入中国，经过长期的传播和发展，从而形成了带有一定中国特色的佛教文化，逐渐成为中国传统文化的重要组成部分。

中国佛教主要包括三个类型：汉传佛教、藏传佛教以及上座部佛教，这是由于佛教传入的地区、时间和途径所造成的。中国的佛教文化对中国的传统文学、绘画、建筑等艺术领域都产生过重要的影响，给后人留下了许许多多的佛教文化遗产，例如敦煌、云冈、龙门等石窟，已经成为古代雕刻艺术宝库中的瑰宝；佛经中那些动人的故事也为画家们提供了艺术灵感，例如顾恺之、阎立本、吴道子等画家，都以擅长画“佛画”而闻名。由此可见，佛教文化也是中国传统文化的重要类型之一。

最后，道教文化同样是中国传统文化的重要类型之一。道教作为中国的本土宗教，以道家学说为主要内容，起源于中国先秦时期的道家，该教把老子奉为最高天神，强调“尊敬自然，顺应自然”。道教文化作为传统文化的重要组成部分，在很长的一段时期里都对中华民族的风俗习惯、思想文化以及科学技术的发展产生着影响，例如中医的相关理论和火药的发明都和道教的发展密不可分。

中国传统文化的范围十分广阔，涉及了文学、书法、绘画、音乐、民俗等多个方面。传统文化的三大主流类型：儒、佛、道更是为中华民族提供了精神归宿，更一定程度上为人们树立了行为规范。无论是儒家倡导的“仁、义、礼、智、信”，还是佛教的“慈悲、大爱”，或是道家的“顺应自然、尊重自然”，都是中国传统文化不可或缺的重要组成部分。

二、中国当代文化的新内容

中国文化有着悠长的发展历史，对中华民族的发展产生了深远的影响，也对整个世界文明的进步产生了一定的推动作用，五千多年来，一代又一代中国人不断地将中华文化传承和发扬，到了今天，随着中国经济社会的快速发展，中国当代文化也孕育出了一些新的内容。

中国当代文化主要指的是改革开放以来的文化发展内容，由于这一时期经济的快速发展以及和外国文化的密切交流，当代文化也呈现出了有别于传统文化的新内容，特别是在社会主义建设进入新阶段之后，当代中国文化的内容得到了极大的丰富，主要表现为三方面内容，如图 1—4 所示。

图 1—4　当代中国文化的内容

首先，是有关于“和谐社会”的重要内容，其内涵主要是建立一种融洽而又和睦的社会整体状态，“构建社会主义和谐社会”的概念也在中国第十六届中央委员会第四次全体会议上被正式提出。

中国人自古讲究“以和为贵”，这个“和”的概念也是十分丰富，不仅是人与人之间的和睦，还包括人与自然之间的和谐相处以及国与国之间的和平共存。构建和谐社会，就是要构建一个充分体现公平正义、民主法制以及诚信友爱的社会，也是构建一个充满创造性和活力的社会，只有构建和谐社会，才能实现人与人、人与大自然的和平相处。

和谐社会是一个充满宽容与合作的社会。儒家思想强调“恕”这一品德，同样的，构建和谐社会，也要强调一种包容、大度、谦让、奉献的精神，不同群体的利益都应当得到一定的尊重和维护，这样才能构建一个团结友爱、互帮互助的和谐社会。

和谐社会是一个以人为本且充分实现善治的社会。在一个和谐社会中，每个家庭都是融洽的，邻里之间是团结友爱的，公民和政府之间也是相互信任的。建立和谐社会，就意味着建立一个所有人的正当权益都能得到保障的社会。

和谐社会是一个公平稳定的法治社会。想要建立一个和谐的社会，就必须先保证社会的稳定性，例如有序的社会秩序以及安宁的生活环境。在市场经济发飞速发展的大背景之下，现代生活的稳定还是一种动态的稳定，在稳定中通过一定的手段来维持整体经济的平衡发展。不仅如此，公平稳定的社会还需要相关的法律法规来维持，实现有法可依，有法必依，

社会的政治利益、经济利益等都能实现合理公平的分配，这社会主义的本质要求，也是建立一个和谐社会的重要基础。

有关“中国梦”的内容也是当代中国文化的重要组成部分，这一概念是中共中央总书记习近平于 2012 年参观“复兴之路”展览时首次提出的，他说：“大家都在讨论中国梦。我认为，实现中华民族伟大复兴，就是中华民族近代以

来最伟大的梦想。”

“中国梦”的基本内涵就是要努力实现国家的富强、民族的振兴以及人民的幸福，这三者是每一个中国人的梦，这个梦想承载着的是一个国家对未来的希冀，更是每一个中国人对美好生活的憧憬，是几代中华儿女的美好夙愿，体现出整个中华民族的集体利益，因而具有强大的感召力和凝聚力。

“中国梦”是强国梦。新中国成立之后特别是改革开放 40 多年来，中国走过了一段非常光辉的历程，在中国共产党的领导下，中国人民沿着中国特色社会主义道路，不断地取得历史性的进步，中国的综合国力和国际地位得到提升，中国人民的生活也得到了极大的改善，中华民族的伟大复兴展现出光明的前景，中国也将始终以昂扬的姿态屹立不倒。

“中国梦”是复兴梦，实现中国梦就是要实现整个民族的复兴，在漫长的发展史中，中国曾经长期处于世界的领先地位，以四大发明为代表的众多优秀文明成果曾推动整个世界的发展，中华民族也为整个世界的进步贡献过不可磨灭的力量。但从近代以来，战争的炮火不断摧毁着这个国家的尊严，整个民族一度走到了最危险的时刻，然而，坚强的中华民族没有被打倒，几代人的不懈奋斗和牺牲换来了新中国的成立，在中国共产党的带领下开始发展中国特色社会主义，人民的命运得到改变。

“中国梦”是幸福梦。中国人民是伟大的人民，几千多年来，勤劳勇敢且充满智慧的中国人一直在为美好幸福的生活而努力奋斗，同时也为整个人类文明的发展做出巨大的贡献。在全面建成小康社会的过程中，人民也对生活水平有了更高的期盼，例如更加满意的收入、更加稳定的生活、更优质的教育水平以及更高水平的医疗服务等，这些都体现出“中国梦”也是人民的幸福梦。

虽然中国的综合实力已经有了显著的增强，人民的生活水平也得到了极大的提高，但是，我们必须清醒地意识到，中国的发展还处于重要的战略机遇时期，在继续向前发展的道路上还存在着许多的阻碍，因此，想要实现中华民族伟大复兴的中国梦，建成一个强大、文明、和谐、美丽的中国，仍然需要所有人的不懈努力。

当代中国文化的重要内容还包括社会主义核心价值观。习近平总书记指出：“核心价值观是文化软实力的灵魂、文化软实力建设的重点。这是决定文化性质和方向的最深层次要素。一个国家的文化软实力，从根本上说，取决于其核心价值观的生命力、凝聚力、感召力。”

儒家文化一直以来都是中国的传统文化的一大重要影响因素，“儒家五常”即“仁、义、礼、智、信”贯穿中华文明的发展史，也已经成为中华伦理的核心要素，而今天的社会主义核心价值观一定程度上也是对这些内容的呼应。例如“仁”所要求的“仁者爱人”正与核心价值观中的“友善”相呼应，“义”又恰好和“平等、公正”不谋而合，而“礼、智、信”有和价值观中的“民主、文明、和谐、诚信”有着相似的内涵。由此可见，当代文化必然深深扎根于优秀传统文化的土壤。

核心价值观是一个国家文化的灵魂，决定着文化选择的价值标准，也承载着一个国家人民的精神追求，无论对于国家还是个人，价值观决定着文化立场、文化理念以及文化取向。对于个人来说，核心价值观影响着人的观察世界、思考事物、判断是非的角度，而对于整个民族来说，核心价值观是凝聚力量、维护稳定的精神力量。

不仅如此，社会主义核心价值观还是对中国优秀传统文化的一种继承，也包含着社会主义先进文化的精粹，与中国的发展要求相吻合，因而是我国优秀传统文化的灵魂。社会主义核心价值观是同优秀传统文化一脉相承的，同时也吸纳了优秀了人类文明成果，体现出建立人类命运共同体的诉求，反映出人类文明的共同价值。

中国当代文化不仅是对优秀传统文化的一种继承，同时也结合了新时代背景下中国的发展的需要增添了新的富有时代特色的内容。中国当代文化不仅是反映民族特色文化，更是从五千年前至今优秀文明的结晶。放眼未来，中国文化还将继续丰富和发展下去，继续为整个人类的文明增添色彩。

第三节　中国文化对外传播的重要意义

文化传播，即一些思想观念、风俗习惯、技艺经验等文化特质的传播，其传播范围往往是从一个社会到另一个社会，从一个民族到另一个民族，因而也是一种文化扩散的过程。

文化的传播对于一个国家的生存和发展有着重要的意义，中国作为一个有着厚重历史积淀的文明古国、礼仪之邦，自古以来就在世界上享有盛誉，博大精深的中华文化不仅是中华民族赖以生存的精神沃土，更是世界文明宝库中的珍宝，而中华民族的传统美德也是所有中国人的精神动力和精神支柱。

中华民族之所以能够在世界文明之林始终屹立不倒，这和中国文化的独特魅力密不可分，中国文化就像一个璀璨的珍宝，始终在人类文明的发展史上熠熠生辉。

所以，作为文明的发源地之一，弘扬中国文化是一代又一代中华儿女的责任，对于国家的发展有着十分重要意义。

中国文化对外传播的意义主要可以分为 5 个方面，如图 1—5 所示。

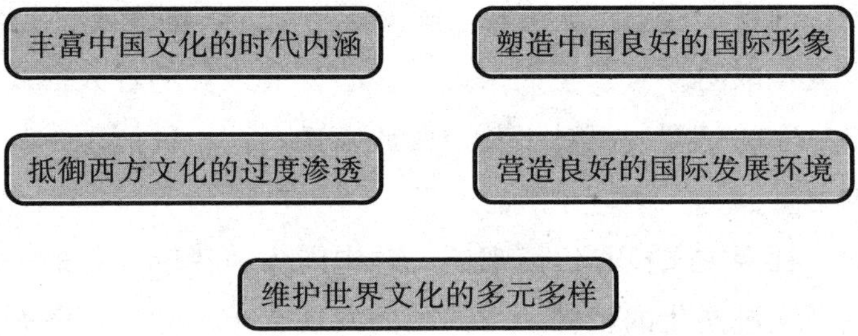

图 1—5　中国文化对外传播的意义

一、丰富中国文化的时代内涵

中国文化的对外传播能够丰富中国文化的时代内涵。中国文化源远流长，饱含了先辈们的无穷的智慧，是先人留给我们的丰厚的遗产，需要我们继承和发扬。不仅如此，中国文化也是在不断地积累和不断地发展中的，中国文化的内涵是随着时代的发展而不断丰富的。

随着中国经济社会的发展，新时代中国特色社会主义文化也在不断地发展之中，而发展现代文化的重要途径之一就是文化的传播。

文化的传播必然要以优秀的、符合时代特色的文化为基础，中国特色社会主义建设已经进入了新时代，文化发展也取得了不小的成就，想要使中国文化走得更远，就必须在坚持继承优秀的传统文化的基础之上，以中国特色社会主义建设的伟大实践为基础，积极增添文化的时代特色，让中国文化吸收新鲜的血液，只有这样，中国文化才能历久弥新，持续为整个人类文明的进步做出贡献。

传播中国文化对于丰富其时代内涵的意义还体现在文化交流的过程当中。文化的传播其实是一种双向的交流，有输出，也有收获。在传播中国文化的过程中，中国文化自身也会吸收和借鉴外来的优秀文明成果，取长补短，从而丰富自身的内涵，实现中国文化的多样化发展。

二、塑造中国良好的国际形象

一个国家的形象其实不仅是这个国家对自身形象的总体认知，还包括整个国际体系中其他个体对其的认知与评价。在当代社会，一个国家的国际形象是其软实力的构成要素之一，常常能够反映出这个国家的综合实力以及在整个国际社会中的地位和影响力。因此，一个国家国际形象的塑造，一直都是国家建设不可或缺的一部分，应该得到足够的重视。

中国作为一个有着悠久历史且正在快速崛起的大国，正在走向国际舞台的中央，其国际形象也已经在近几年内得到了极大的提升，在很多外国人的眼里，中国一直都是一个和平的、中立的、幸福的国家。

中国文化作为中国的一张漂亮的名片，一直都是提升中国国际形象的有利法宝，在传播优秀中国文化的过程中，中国的国际形象也能得到一定的提升，因此，文化的传播和国际形象的提升是相互促进的关系。

中国文化还是维系所有中华儿女的精神纽带，因而具有强大的生命力和感召力，中国文化的传播其实也是对这种精神的传播，有利于向全世界展示中华儿女的团结、勤劳、智慧等美好的品质，有利于塑造中国人民的良好形象。

从古至今，无论是大禹治水、愚公移山、精卫填海、神农尝百草、郑和下西洋的动人精神，还是近现代的井冈山精神、长征精神、雷锋精神、大庆精神、抗洪精神等，都共同构成了充满魅力的中国文化；放眼河山，雄伟的万里长城、巍峨的紫禁城、耸立的黄鹤楼、华美的敦煌石窟，每一处都是中华儿女勤劳与智慧的结晶。

五千多年的文化源远流长，从未中断，点点滴滴的积累才铸就了今日的辉煌。在历史的长河中，以爱国为核心的团结统一、爱好和平、勤劳勇敢、自强不息的伟大民族精神始终保持着强大的生命力。

在当今日趋复杂的国际形势之下，各种文明之间既有融合也有冲突，在这种情况之下积极传播优秀的民族文化是提升和稳固国际形象的重要途径之一。民族的才是世界的，民族文化才是最有底蕴、个性和生命力的文化。面对当今复杂的国际形势，一些思潮的接连涌现可能会对国家的形象造成一定的影响。因此，积极传播优秀的中国文化任重而道远。

三、抵御西方文化的过度渗透

改革开放之后，我国和外界的文化交流变得更加频繁，在优秀的中国文化走出国门的同时，外来文化也在快速地进入每一个中国人的视野，影响着所有人的生活。尤其是近十几年来，看好莱坞大片的人越来越多，欣赏传统戏剧的人越来越少；吃各种西餐、日料的人越来越多，品茶、懂茶道的人越来越少；能说出流利英语的人越来越多，能写出一手漂亮的毛笔字的人越来越少……这些其实都是文化渗透的一种体现。

文化渗透，通常指的是一些相对较发达的国家通过跨国公司、传媒等途径，向其他国家或地区输出自己的文化，从而获得一定的经济效益，这种渗透有时还带有同化其他国家的目的。

如今，经济全球化和政治多极化的快速发展使得各种文化相互激荡、相互影响，科学技术的飞速进步又大大加深了文化交流的程度，这是不可避免的时代潮流，但是，在顺应这一潮流的同时，一个不争的事实就是，当今世界还面临着单一文化的威胁，某些发达国家对外界的过度渗透应当引起所有人的重视，每个国家都应该积极采取对策维护本国的文化安全，始终坚持本民族文化要采取积极的应对措施，维护国家的文化安全，始终坚持民族文化的本色和独立性。

随着外国文化的不断渗透，我国文化从某些角度来说，已经受到了不小的冲击，尤其是在改革开放之后，一些企图扰乱我国发展进程的势力得到了可乘之机，一些优秀的中国传统文化甚至出现了被“弱化”的趋势。文化交流有吸纳也要有输出，才能抵挡住外来文化的过度渗透，因此，传播优秀的中国文化对于抵御西方文化的过度渗透有着重要的意义。

对外传播优秀的中国文化，能够避免本民族文化被外来文化彻底地取代，还能够防止那些正处于人生观、世界观、价值观形成时期的年轻人被外来的某些不良文化所侵害，避免他们迷失方向。

因此，对内传承和发展、对外传播优秀的中国文化是抵御西方文化过度入侵的重要手段。我们要树立文化自觉和文化自信，深度发掘优秀传统文化，利用我国的国际地位和影响力，依靠现代先进的科学技术，以新颖且高效的手段和形式来积极传播优秀中华文化。与此同时，还要有效的文化安全防治体系，强化意识形态安全教育。

优秀厚重的民族文化永远是中华民族的底气，这种文化延续了五千多年，从未中断，在今天，也必然不会被任何外来文化所彻底取代。每一个中华人才都应当做中国文化的守护者、发扬者，只有培养出足够强大的文化软实力，才足以抵挡任何外来文化的冲击，民族文化才能永葆本色。

四、营造良好的国际发展环境

自从进入 21 世纪以来，国际环境就开始呈现出复杂多变的趋势，具体表现为：逆全球化思潮开始涌现，新工业革命的脚步不断加快，贸易保护主义不断抬头，全球价值链重构也拉开了序幕。

（一）逆全球化思潮开始涌现

受到 2008 年金融危机的冲击，价值链主导的经济全球化进程开始受到阻碍，经济的全球化发展并没有消除国家之间发展不平衡的现象，许多人也开始反思全球化是否已经发展过度，逆全球化的思潮开始不断涌现。

于是，部分发达国家开始了逐渐缩小在世界范围之内的经济布局，例如美国总统特朗普所主张退出北美自由贸易协定、签发各种保护主义政策，英国也启动了脱欧的进程，这些其实都是逆全球化的表现。因此，全球化的进程受挫已经成为当前国际发展环境的一大特征，我国的贸易环境也会面临更大的挑战。

（二）新工业革命的脚步不断加快

随着新一轮工业革命的开展，全球产业正呈现出空前的创新态势，智能制造、新能源和新材料以及信息网络的出现和发展都是技术创新浪潮的体现，信息技术开始和传统制造业相融合，新一轮的产业变革必将对各国制造业的发展带来影响。

在这样的大背景之下，我国的制造业既面临着机遇也面临着挑战，其他国家也在积极通过科学技术与制造业的融合来推动经济的快速发展，力求占据制造业领域的有利地位。而我国也积极推动产业转型，力求抓住全球价值链中的发展机遇。

（三）贸易保护主义不断抬头

贸易保护主义，即一种在对外贸易中采取一系列的限制措施来保护本国商品的一种主张和政策，主要目的是避免本国商品在国内市场上受到来自外国商品的竞争压力，除此之外，贸易保护主义还包括给本国商品各种优惠，从而使其在国际市场上更与竞争力等类似的措施。

推崇贸易保护主义的国家往往会限制进口，其主要采取关税壁垒和非关税壁垒这两种是措施，其中，关税壁垒主要通过征收高额的进口税，以此来达到限制外国商品冲击本国的市场；而非关税壁垒措施则主要包括进口配额、进口许可等措施，其最终目的依然是未来限制外国商品的进口。

（四）全球价值链重构也拉开了序幕

20 世纪 70 年代美国成为全球霸主，整个国际社会的生产方式也不再局限于“从中心到外围”的固定模式，产品内分工生产的程度加深，全球经济也开始紧密联系在一起，全球价值链生产模式开始兴起。

但是，美国经济在 20 世纪出开始出现“脱实向虚”的状况。2008 年，金融危机爆发，冲击了整个世界的经济。在那之后，全球生产组织方式发生变革，国际生产要素呈现结构性发展，世界贸易结构也出现了较大的变化，国际产业转移开始出现回流的趋势。发达国家的企业以拆分、转移价值链的方式来占领高附加值领域，与此同时，发展中国家的企业只能通过生产零部件和进行简单的组装工作，从而只能进入低附加值领域。因此，全球价值链面临重构的契机已经显现。

中国作为一个飞速发展且正在和平崛起的大国，在整个国际环境中扮演着重要的角色，无论是在经济、政治还是文化领域，都有较强的影响力。因此，作为一个有着五千年历史的大国，在为全球经济的发展和维护世界和平做贡献的同时，也要在文化领域发挥影响力，通过文化传播的手段来实现营造良好国际发展环境的目的。

事物都是具有两面性的，当前的全球化趋势对于发展中国家来说就是一把双刃剑，有利有弊，有机遇更有挑战。随着各国之间的交往日益密切，各国的文化建设和发展事业也应当把全球化趋势考虑在内，在全球化这个大背景之下进行文化建设。

发展文化事业、提高文化软实力、维护本国文化安全都离不开文化传播，而加强文化传播本身也有利于营造一个良好的国际发展环境。在全球化背景之下，为了保障文化的生存和发展，实现文化创新，提高国家的文化软实力，在文化传播方面，必须和当下的全球化趋势相结合。

在全球化背景之下，文化传播主要有四个特点，如图 1—6 所示。

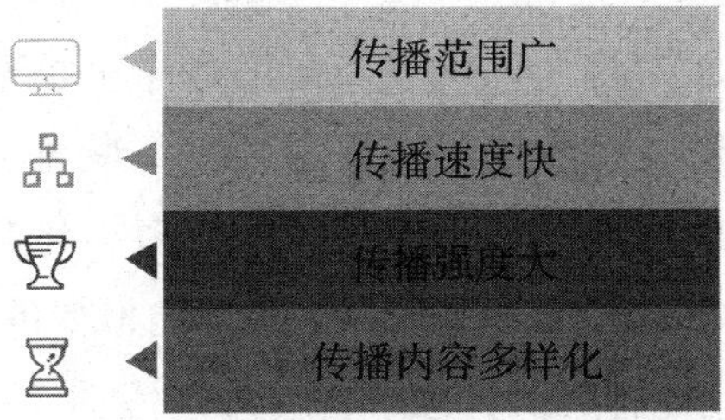

图1—6　全球化背景下文化传播的特点

（一）传播范围广

全球化背景之下，各个国家和地区之间的交往变得越来越频繁，任何国家都不可能走封闭道路，进行封闭式发展，同样的，文化传播也不再只局限于固定的区域，也不再受到时间的限制。每个民族的文化都在走向国际化发展，这其实也是进行文化发展的必经道路和阶段。

随着全球化的不断加深，每个国家都应该自觉地打开国门，积极传播本国的优秀文化，同时也自觉吸收优秀的外来文明成果，让文化传播的路径变得更加通畅，从而使各国文化进行更深的交流和碰撞，打破民族偏见和地域歧视，让不同的优秀文化都能在全球范围内得到传播与认可。

（二）传播速度快

随着全球化的发展，科学技术尤其是信息技术的进步为文化传播提供了技术支持和传播载体，在互联网快速普及的今天，文化的传播速度变得更快。除此之外，资本的大范围流通其实也一定程度带动了文化的传播。如今，经济全球化和技术全球化的发展还在推动文化传播的速度不断加快，任何民族的文化意识和文化理念都可以依靠先进的技术得到快速的大范围传播。

（三）传播强度大

在全球化背景之下，不同文化之间的交流从某种程度上来说，更像是一种相互的碰撞与冲击。任何民族的文化都有其独特的内涵和形式，依托全球化这个大平台，出现了不同文化相互聚集、相互碰撞的局面，在这样的局势之下，就很容易出现弱势文化被强势文化所吞没的情况，弱势文化很有可能失去其自身的影响力和在国际舞台的魅力。

（四）传播内容多样化

在全球化程度不断加深的大背景下，文化多样化是整个世界文明的一大特点，也是世界多样性的重要组成部分。是当今时代最显著的一个特点，也是世界多样性的一个重要组成部分。文化传播内容的多样化是当今世界文化传播与交流的主要特征，也是每个国家使本民族文化走向世界的必经之路。

在以全球化为大背景的国际环境之下，文化传播主要应当遵循三个理念，如图 1—7 所示。

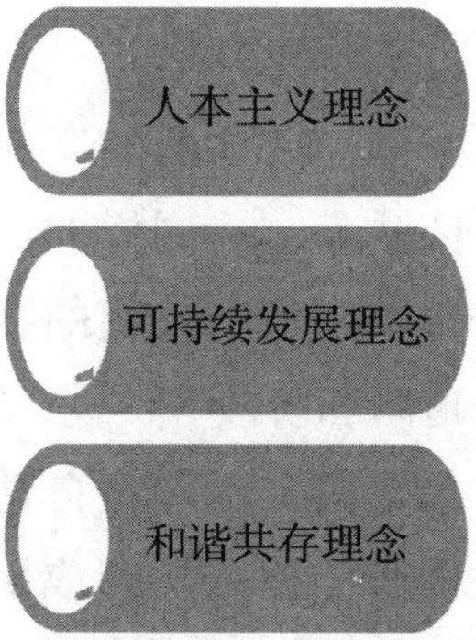

图 1—7　全球化背景之下文化传播的理念

（一）人本主义理念

在奴隶制社会时期，个体的地位和权利往往得不到重视，统治者的关注重点也往往集中于上层社会，而底层国民的生活和权利通常得不到很好的保障。但是，个体的思想进步以及生产生活的需求是不断进步和发展的，这也是整个人类社会进步的根本动力，是社会变革的出发点以及最终的落脚之处。

所以，任何一个国家想要传播本国的优秀文化，就应当首先以人民的利益和需求为出发点，在传播文化的过程中，要尊重人的基本权利，尽量满足整体社会的文化需求。在对外传播文化的实际活动当中，要以本国人民的文化需要为重点考虑因素，且不能片面地遵循死板的条条框框，或者只关注其他国家的政治力量和军事力量的强弱，而是要始终以人的需求为出发点。

因此，在全球化不程度不断加深的背景之下，文化传播要从过去的注重国家利益转变到注重全人类的发展需求上来，应当坚持人本主义理念，从而谋求文化的交流、发展与传播。

（二）可持续发展理念

走可持续发展道路是我国近年来的主要发展原则之一，自从这一理念提出以来，就得到了许多国家的关注，也成为各个国家制定本国发展战略和进行国际交流时的关注重点。在文化传播的过程中，同样应当坚持这一理念，因为随着文化交流的范围越来越广，传播形式越来越丰富，只有在可持续发展理念的指导之下，才能找到更科学合理的文化传播路径。

第一，可持续发展理念能够为文化的传播提供更加广阔的空间，拓宽文化传播的思路；第二，可持续发展理念能够给文化传播提供更科学的发展环境，保证文化传播的高效性；第三，在可持续发展理念的指导之下，文化的传播开始服务于稳定国际秩序，因而可以促进所有国家的团结，加强国际合作，为各个国家的政治经济发展提供稳定健康的发展环境。

（三）和谐共存理念

在目前的国际社会之中，欧美等发达国家在文化领域产期处于领先地位，其文化传播理念也有较大的影响力，而许多发展中国家组处于弱势地位，国际社会中不同国家地区的文化传播表现出几个不同的等级，而在这种形式之下，很多发展中国家的文化传播进程就受到一定的阻力。

因此，在文化传播过程中，应当树立和谐共存的理念，营造良好的文化传播氛围，对文化领域的秩序进行规范，避免其受到某些不公平规则的制约以及控制，让各国文化传播有序进行，从而构建一个有效的、多元化的、多层次、立体性的国际文化传播体系。除此之外，设立相关的监督管理机构，还应当具备有效的监督管理机构，负责监督每个国家的文化传播过程和行为，为世界范围内的文化交流提供平台。

为了营造良好的国家发展环境，文化对外传播应当主要采取三种途径，如图 1—8 所示。

图 1—8　文化对外传播的主要途径

（一）建立相关法律制度

我国的文化建设虽然已经取得了不小的成就，但是在相关的制度体系方面，仍有欠缺，尤其是在有关于文化传播的法律规范方面，依然有较大的完善空间。目前，为了满足文化交流的需要，我国已经颁布了相应的制度与措施，但是依然不能够满当前文化发展的需求。文化传播的效率直接关系到我国文化影响力和文化软实力的发展，还涉及我国同外国文化之间的交流文化。

因此，为我国文化事业尤其是文化传播事业制定相应的法律法规是很有必要的，只有这样才能实现文化对外传播有法可依，让中国的文化传播方式更先进、更高效，让本土的价值观念和文化意识在全世界范围得到传播，让更多的人了解中国文化，从而逐步提高中国的文化软实力。

（二）加强与国际组织的合作

国际组织一直在国际社会上扮演着重要的角色，很多国际规则都是由大大小小的国际组织所建立的，很多国际组织和国际机构都在文化传播方面发挥着不可忽视的作用。因此，中国也应当加强与国际组织和机构在文化领域的合作，从而获得更多的国际领域话语权，提高国际地位。不仅如此，通过与国际组织之间的合作还有利于获得更多的国际规则制定权和参与权，这有利于促进国际秩序朝着更加公正、科学的方向发展，也能够为我国的文化传播创造更好的国际环境。

（三）积极发挥孔子学院作用的

孔子学院一直是宣传中国文化的优秀平台，2004 年，第一家孔子学院在韩国成立，从那之后，孔子学院在全世界许多的国家相继建立，教学活动也开展得如火如荼。现在，全球范围之内已经建立了上百所孔子学院，这使得孔子学院成为我国文化传播的一个重要形式。

因此，我们应当充分发挥孔子学院这一平台在文化传播中的作用和价值，推动孔子学院在世界范围内的建设与规模的扩大，从而促进我国文化对外传播事业的发展，提升国家的文化软实力。

五、维护世界文化的多元多样

文化多样性一直都是世界文明的一个重要的特征，这个世界上的每个国家、每个民族都有自己的发展历程，因而也有自己独特的文化。民族文化是一个民族身份的标志，不同民族的习俗、节日等文化遗产让整个世界变得多姿多彩。

2005 年 10 月，联合国教科文组织通过了《保护和促进文化表现形式多样性公约》，在这一公约中，“文化多样性”被正式定义为：各群体和社会借以表现其文化的多种不同形式，这些表现形式在他们内部及其间传承。文化的多样性体现在很多方面，例如各个国家丰富多彩的文化遗产，各个国家借助各种方式进行的艺术创造、生产、传播和销售活动等。文化多样性作为人类文明的一大特点，一直都是推动人类文明不断交流和进步的内在动力之一。

世界文化是多元又是一体的。人类文明的起源就具有多样性，欧亚大陆、中、南非洲和美洲都是文明的起源地，除了东亚的黄河与长江流域、西亚的两河流域、南亚的印度河与恒河流域、北非的尼罗河流域以及欧洲的爱琴海地区之外，美洲和撒哈拉沙漠以南的非洲同样是人类文明的起源。

各个国家在对外传播本民族文化时，一定要先尊重文化的多样性，这也是发展本民族文化的要求，更是推动整个人类文明繁荣发展的基础。在对外传播传播本民族文化时，要尊重各民族之间的文化差异，在平等的原则上进行互动和交流。

世界上不同民族的文化都有自己的特色，都为人类文明的发展做出过贡献，例如，两河流域文明在法律和天文学方面的成就，古代中国儒学思想的智慧，古埃及人在建筑和文字方面的成就，古希腊文明在哲学方面的成就，古罗马的法律等等，不同的文明丰富了整个世界的文化。

随着全球化的进程不断加快，各个国家之间的经济和文化交流也更加频繁，不同文化之间的相互膨胀和影响日益增强，生活在世界上各个角落之间的人们都对其他国家的文化充满了好奇，“文化热”不断地兴起。在这种背景下，加强我国的文化对外传播力度，对于维护世界文化的多元性有着重要的意义。

各个国家在对外传播本民族文化时，一定要先尊重文化的多样性，这也是发展本民族文化的要求，更是推动整个人类文明繁荣发展的基础。在对外传播传播本民族文化时，要尊重各民族之间的文化差异，在平等的原则上进行互动和交流。

中国作为四大文明古国之一，以文化的魅力和底蕴不言而喻，是世界文化多样性的重要影响因素，更是世界文明之林的瑰宝，因此，加强文化对外传播对于维护整个世界文化的多元性有着重要的意义。

在促进本民族文化发展的同时维护世界文化的多样性，能够进一步推进世界文化的繁荣发展，还有利于加强世界各国人民之间的友好往来，共同构建一个更加和谐的世界。对于本民族来说，维护世界文化的多样性还有利于吸收和借鉴其他民族的优秀文明成果，实现取长补短。

随着科学技术尤其是信息技术的飞速进步，世界各国之间的联系变得更为密切，文化传播的速度也不断加快，范围也越来越广，在这样的背景下，文化传播已经成为增强国家文化软实力的重要举措。但是，从我国文化对外传播的现状来看，仍然存在不少问题，也受到了很多方面的制约，例如西方文化的过度入侵，我国对于文化对外传播的管理方式过于僵硬且传播方式存在不科学之处等。对于这些问题，应当积极采取措施解决，从而更好地促进我国文化的对外传播。

第二章 中国文化对外传播的历程

中国作为一个有着五千年悠久历史的大国，其文化底蕴不言而喻，中国文化历来在世界文明中扮演着重要的角色，为人类文明的发展做出过重要的贡献，很多国家如日本、韩国、越南等都受到过中国文化的影响，中华文化圈的形成就充分反映出了这一点，而之所以会产生这一现象，原因就在于中国文化悠久的对外传播历程。

第一节 古代中国文化的对外传播

中国文化发展的进程早在春秋时期就已经进入了一个相对繁荣的时期，而文化传播的脚步也从开始的国内传播发展到后来的国际传播，这期间曾诞生过很多为世人所惊叹的文化传播活动，例如“丝绸之路”“玄奘西行”“鉴真东渡”“郑和下西洋”等，这些伟大的传播活动都为我国文化的发展做出了巨大的贡献。

一、春秋时期

春秋战国时期在中国历史上是一个社会大变革的时期，在文化方面，产生了各种思想流派，影响力较大的就有儒、法、道、墨等流派。这些思想流派著书讲学，相互论战，于是出现了“百家争鸣”的繁荣学术景象。

春秋时期，各学派的知识分子“争奇斗艳”，其中主要的思想流派就有儒、墨、道、法、阴阳、名、纵横、杂、兵以及小说。“百家争鸣”的学术繁荣景象其实反映出当时社会的政治斗争，主要包括新兴地主阶级和没落奴隶主之间激烈而又复杂的斗争。在这个由封建领主制向封建地主制过渡的时期，新旧阶级之间、阶层之间的斗争促进了“百家争鸣”的产生，而正是这一时期的种种文化思想，奠定了整个封建时代文化的基础。

“百家争鸣”时期的主要思想家和其理论观点主要有以下几种，如图2—1所示。

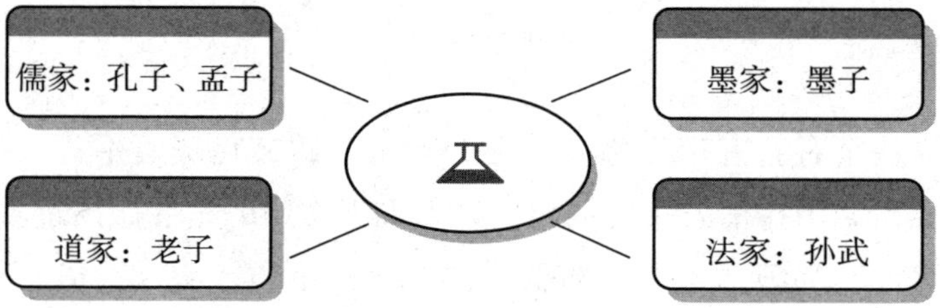

图2—1　“百家争鸣”时期主要思想流派

不同流派的思想家分别代表各个阶级，因而他们大多都按照本阶级的利益和要求，对社会的政治经济进行解释并提出相应的主张，他们广收弟子，著书立说，高谈阔论，相互争辩，共同造就了这一时期学术繁荣的景象。

（一）儒家

儒家的创始人是春秋末期鲁国人孔子，他的理论核心是“仁”，他认为“仁”就是要爱人，要宽容待人，做到“己所不欲，勿施于人”。他还提倡“克己复礼”，认为人要遵循一定的行为准则。孔子首创私人教学，他认为不论贫穷还是富有，人都有接受教育的权力，即“有教无类”。除此之外，在政治方面他还提倡“为政以德”，这种民本思想也是他所提倡的道德观和伦理观的表现。

（二）墨家

墨家的代表人物即墨子，他的主张和儒家针锋相对，他的主要观点是“兼爱”“非攻”和“尚贤”，他反对世卿世禄制度，认为任用官吏要以才能为标准，而旧的等级观念应当被打破，实现“官无常贵，而民无终贱”。阐述墨翟思想的有《墨子》一书，是他的弟子根据其授课笔记编撰而成的。

（三）道家

道家学派的创始人是楚国人老子，老子姓李名耳字聃，他的主要理论核心是“道”，他把这一概念抽象化，他认为“道”是世间万物的本源，是凌驾于天之上的，他还提出“天法威，道法自然”的思想。反映老子思想的著作为《老子》，又名《道德经》。

老子的观念还包含着丰富的辩证法思想，他认为世间万物都存在着矛盾对立的双方，矛盾双方在一定程度上是可以相互转化的。在政治上，他提倡“无为而治”，即不妄为，不胡作非为，为所欲为。

（四）兵家

兵家的创始人是春秋末期的军事家孙武，其军事著作《孙子兵法》主要反映出他的军事思想，经典的“知己知彼，百战不殆”这一军事名言就出自这本书。直到现在，《孙子兵法》依然在世界上享有盛誉，甚至有很多西方军事学校也把它当作教材。

纵观中国的历史，春秋时期可谓是思想文化最繁荣灿烂的一个时期，这一时期的“诸子百家争鸣”的学术局面，在整个中国思想文化发展史上占有重要的地位，也是学术思想大融合的重要时期，在这一时期，社会发生了许多的重大变革，社会矛盾也十分尖锐，各种兼并战争连连不断，但是就在这样一个时期，诞生了许多伟大的思想家，共同构成了中华文明的精华和基础。

二、秦汉时期

在中国历史上，秦汉时期即秦朝和汉朝这两个大一统朝代的总称，而这一时期是中国历史上第一个强盛时期，也是中国社会的重要转型期，从文化的角度来看，这一时期还是中国文化的整合期。秦汉时期，国家的治理体系不断完善，民族、文字、管理体制等逐渐形成，这一时期不仅对后来的历史进程产生深刻的影响，还基本奠定了中国文化的基本格局。

不仅如此，秦汉时期的文化发展也是中国文化发展史上的一个重要的阶段，基本奠定了中国近两千年来文化的基础。

秦汉时期，长城相当于华夏定居民族和域外草原游牧民族之间的一条明确的分界。这一时期，华夏民族的对外殖民扩张主要集中于南方和北方，在长城以外主要为邦谊或者征战。但是，在海上丝绸之路尚未开通之前，在丝绸之路的沿线地带，中国和西方国家的交流主要通过西北陆上的河西走廊，且在当时，海上远洋航行也开始出现。随着丝绸之路的发展，中国的对外往来开始变得频繁起来，各种异域农作物，如石榴、葡萄、芝麻、大蒜、苜蓿、生姜、核桃、黄瓜、香菜等开始源源不断地引入中国。

除了各种农作物之外，西域风俗，例如舞蹈、杂技、鼓吹乐等也开始逐渐传入当时的中国，极大地丰富了当时的中国文化，各种艺术造型，例如骆驼、石狮、辟邪、天鹿等也在那时传入，中国的丝绸是当时主要的外销品。

除了物质方面的相互交流与传播，秦汉时期中国文化的对外传播也取得了一定的成就，这一时期是为中国奠定疆域和思想基础的时期，秦始皇统一中国之后，在文化上推行“焚书坑儒”的政策；而在西汉时期，汉武帝采纳董仲舒的建议，实施“罢黜百家、独尊儒术”，也是从这一时期之后，儒家思想成了中国的正统思想，被历代的统治者所推崇，延续了几千年。

秦汉时期，尤其是汉代，中国的传统农学、医学、天文学和算法学都基本形成了独特的体系，一些经典的著作例如《九章算经》《素问》《本草经》《相六畜》也相继问世，传统的金属冶炼技术也突飞猛进。在文学方面，中国的传统神化系统也基本形成，《山海经》和《抱朴子》的问世以及东汉末年兴起的天师道，使得传统中国的神仙观点逐步形成。

在生产力相对不够发达的古代，尤其是秦汉时期，文化的传播手段和媒介都不太发达，此时的文化传播主要依靠的就是人口的流动和迁移，在秦汉时期，文化的交流虽然依靠了一定的物质，但从本质上来说，人始终是文化传播的最活跃、最有力的载体和媒介。

秦汉时期，尤其是汉朝时期的对外交流活动主要有以下几个特点，如图2—2所示。

汉代时期中国文明先进，文化的对外传播主要依靠丝绸之路，对当时的世界产生了深远的影响。

汉朝在中国历史上是十分辉煌的一个时期，作为一个空前统一的王朝，汉朝国力强盛，对外交流活动也十分频繁，这一时期的统治者也积极开展对周边国家和民族的政治活动和军事活动，各种经济交流和文化交流也发展起来。在当时，通过陆路和海路这两种途径，中国文化的脚步几乎遍及亚洲，其影响远达欧洲和非洲。与此同时，中国也通过丝绸之路大量引入了外国优秀的文明成果，进行了多次的物质交流，大大丰富了当时的经济和文化。

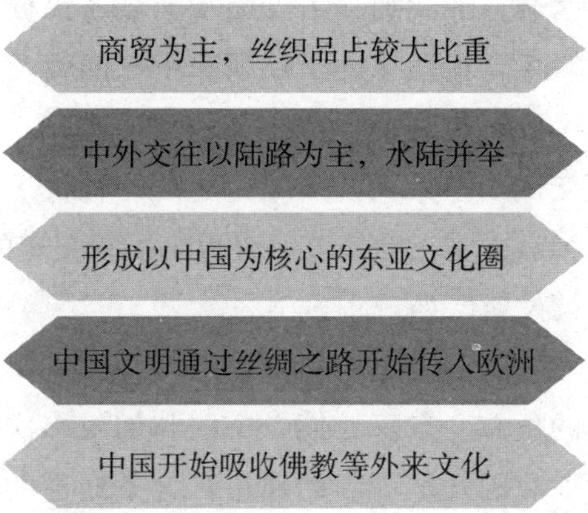

图 2—2　秦汉时期对外交流活动特点

丝绸之路，通常指的是陆上丝绸之路，但从广义上来说，它不仅包括陆上丝绸之路，还包括海上丝绸之路。西汉时期是陆上丝绸之路的起源时期，当时，汉武帝派张骞出使西域，由此开辟出从当时的首都长安（今西安），经甘肃、新疆，到中亚、西亚，最终连接到地中海各国的一条陆上通道。

公元前 3 世纪，我国以盛产丝织品闻名于世界，是种桑、养蚕并生产丝织品的国家，因而被称为“丝国”。从商周到战国时期，我国丝绸生产技术已经领先于整个世界，发展到了相当高的水平，那时，中国的丝绸就通过西北各民族的传播辗转贩运到中亚、印度等地。到了汉武帝时，为了军事上反击匈奴，陆续设立了河西四郡，派遣使臣到西域开展外交活动。

汉武帝即位之后，国家总体来说比较稳定，国力较强，在之前几个朝代积累的财政的基础之上，汉武帝决定改变前几朝对外采取的妥协策略，开始实施进攻为主的战略。公元前 13 年，汉武帝派遣张骞作为使臣，出使西域。

公元前 138 年，张骞奉汉武帝之命出使西域，但不幸被匈奴扣押了十几年，后来，他历尽千辛万苦寻找机会逃出，最终完成了自己的使命。这一次出使，张骞虽然没能实现汉武帝联合大月氏攻击匈奴的目标，但他作为西汉官方派出前往西域的第一位使臣，此次出使意义非凡。后来，张骞又为联合乌孙开始第二次出使西域，且在这次出使过程中还派遣副使分别出使大夏、安息、大宛、康居、大月氏、身毒等国，跨越葱岭（帕米尔高原），同高原以西的各个国家建立了紧密的联系，沟通了一条通向中亚、西亚的通道，大大加强了对外的联系和交流。

张骞的两次出使西域，大大加强了汉朝和西域各民族之间的联系，和多个国家都建立了良好的联系，得意于此，汉朝和中亚的商业和文化交往开始发展起来，这也为后来的民族交往和融合奠定了坚实的基础。张骞的两次出使，更为当时中国的和平外交做出了巨大的贡献，之后，各代王朝与西域开始紧密地联系在一起。张骞作为官方派出的使节，表现出了其坚定的信念和伟大的毅力，同汉武帝共同成就了“凿空”西域千古美名。

到了东汉时期，陆上丝绸之路的起点在洛阳，其主要发挥的作用就是运输中国古代生产的精美的丝绸。东汉时期，中国与匈奴多次交战，匈奴被迫向西迁移，于是在汉朝时期我国开辟了新的通道，这条通道的路线是：由敦煌向北到伊吾，然后西经柳中、高昌壁、车师前部交河城，经焉耆，越天山至龟兹，再循原北道西行抵疏勒。

1877 年，德国地质地理学家李希霍芬的著作《李希霍芬中国旅行日记》问世，他在书中把“从公元前 114 年至公元 127 年间，中国与中亚、中国与印度间以丝绸贸易为媒介的这条西域交通道路”正式命名为“丝绸之路”，而“丝绸之路”这一美誉也很快被所有人所接受，得到广泛地流传。

“海上丝绸之路”顾名思义就是海上的交流通道，它也是古代中国与外国贸易往来和文化交流的重要海上通道。“海上丝绸之路”主要以中国南海为中心，因而又常常被称为“南海丝绸之路”。“海上丝绸之路”形成于秦汉时期，三国至隋朝时期得到较快发展，在唐朝时期达到繁荣时期，转变于明清时期，从整个人类文明史上来看，“海上丝绸之路”是已知的最为古老的海上航线之一。

从丝绸之路开辟之后，中亚、西亚、南亚的国家也开始陆续派出使节到汉朝进行贸易往来和文化交流。与此同时，大量的中国商人开始西行，无数精美的丝帛绵绣沿着丝绸之路西行，而西方国家的一些奇珍异宝也源源不断地流入中国。为了加强同中亚、西亚、南亚各个国家之间的关系，汉朝时期还修筑了令居（今甘肃永登）以西的道路，设置亭驿，便利商旅。

从西汉到唐朝的一千多年里，“丝绸之路”始终是中西交通的要道，它也成为这一时期我国文化对外传播的主要途径，是我国同中亚、西亚、南亚以及欧洲国家交往的重要渠道。通过“丝绸之路”，中国同西方部分国家加强了联系，进行了丰富的经济、文化交流，中国的丝绸、养蚕、铁器、缫丝技术、铸铁术、穿井法、造纸术都先后西传。

三、隋唐时期

纵观我国的古代史，隋唐时期可以说是一段重要的转型时期，从文化的角度来看，这一时期中国文化发展和对外交流呈现出“兼容并蓄、汇纳百流”的鲜明特征，不同的文化在浑融整合，洋洋大观，共同熔铸了隋唐时期繁荣而又独特的文化景象。

隋唐时期中国社会主要有以下几个特点，如图 2—3 所示。

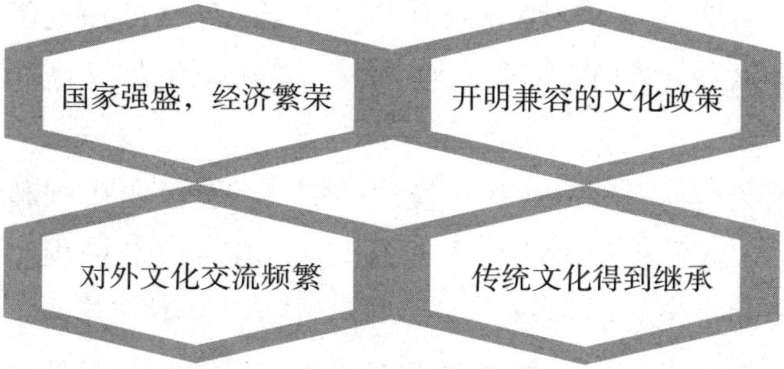

图 2—3　隋唐时期中国社会的特点

从中国五千年的历史来看，隋唐时期可谓是一段最为辉煌的时期，这一时期，中国国家统一，国力强盛，经济空前繁荣，社会、科技、文化都处于世界领先地位。从隋朝开始，国家的统一就保障了社会秩序的稳定，中国北部和南部之间的经济和文化得到密切的交流，到了唐代，从唐太宗的“贞观之治”，再到唐玄宗的“开元盛世”，这一时期，我国政治稳定，封建经济高度发达，这也为文化的发展和对外传播奠定了坚实的政治基础和经济基础。

不仅如此，在领土方面，到了唐朝时期，我国疆域空前辽阔，在巅峰时期疆域东起日本海，西抵咸海，北逾贝加尔湖，南据安南，唐朝也因此成为中国自秦代以来第一个没有修建据胡长城的大一统王朝。唐朝时期，攻灭东突厥之后，日本、南诏、新罗、渤海国等藩属国都陆续开始学习唐朝的文化与制度。

唐朝时期，由于政治的稳定和经济的繁荣，在文化方面，统治者大多采取开明、兼容的文化政策。在高度发达的经济基础之上，隋唐时期的统治者，尤其是唐朝统治者，大力兴办学校，积极发展科举考试制度，拓宽考试范围，增加考试科目，使得人才的选拔不再局限于个人的门第出身。

在思想文化方面，隋唐时期的文化氛围比较开放，统治者也大多采取“兼收并蓄”的文化政策，例如除了正统儒家文化之外，中国的道教文化以及外来的佛教文化都在本土得到了一定的认可和发展，佛教文化也和本土文化产生了一定的融合，而正是这种对开明包容的文化政策以及对文化事业建设的重视，大大促进了人才的培养，为文化的繁荣发展奠定了坚实的基础。

除了文化事业的繁荣发展之外，隋唐时期，中国的科学技术处于世界的领先地位，在世界上享有很高的声望，具有强大的吸引力和影响力，唐朝政府也实施较为开放的对外政策，鼓励对外交往，文化交流与传播活动都得到了较快的发展。在这一时期，大运河的开通以及对外交通路线的拓展都促进了中国同周边各少数民族政权之间的联系，也大大促进了双方之间的经济交流和文化交流。

隋唐时期繁荣的封建经济和相对发达的交通条件使得中国和西域各少数民族的联系增加，引入的少数民族文化大大丰富了中原文化的内容，这就使中原文明带有了一定的多民族的色彩。尤其是在唐朝，中国和亚、欧、非之间的往来出现了前所未有的盛况，中外文化交流加深，二者相互吸纳，相互促进，共同促进世界文明的进步。

隋唐时期在文化方面的另一个重要特征就是对历代传统文化的大力继承。自秦汉时期以来，中国的封建文化就开始逐步发展，文化事业一直处于世界的领先地位。在魏晋南北朝时期，北方少数民族开始融合，江南地区得到开发，这些都为我国文化的继承和发展奠定了基础。绚丽多彩的诗、词、散文、传奇小说以及音乐、舞蹈、书法、绘画、雕塑等方面都取得了巨大成就，深深地影响着后世与世界各国。

隋唐时期实行开放政策，大量外来优秀文化被中国吸收，而中国的先进科学技术、文学艺术也传播到了世界各地。这一时期，传统儒学得到较好的继承和发扬，道教文化在本土也得到了一定的发展，佛教从印度传入中国，并逐渐被本土化，随后发展到鼎盛时期，一度超过了印度，使得中国成为世界上的佛教中心。

唐朝时期，“丝绸之路”上的贸易往来十分频繁，此时的中国主导着整个世界的发展潮流，而中华文化也深深地影响着整个世界。中国文化同外来文化、宗教等在各种文化、“丝绸之路”上碰撞、交汇、融通，玄奘西行，鉴真东渡日本，都是这一时期对外交流的经典案例，是各种文化互学互鉴的光辉典范。

（一）玄奘西行求法

玄奘，生于隋朝末年，他年少出家，从小就立志学习、发扬佛法，但在当时，传入中国的佛教有很多个派别，各个派别对佛法也有不同的理解和阐述。当时，首都长安是国际化的大都市，很多印度僧人来当地传播佛教经法，玄奘也对这些佛法产生了强烈的兴趣，于是，他决定亲自到佛教的诞生地——印度去求法。

贞观元年，玄奘从长安出发，一路西行，在途中经兰州到凉州，继昼伏夜行，再经玉门关，越过五烽，渡流沙，历尽千辛万苦最终到达伊吾（哈密），至高昌国。后来，玄奘又到达多个国家，都得到了优渥的礼遇，他也习得了很多经典的佛教经书。

贞观十九年，玄奘返回长安，此时他已出游 17 年，途经 56 国。根据史料的记载，当时的长安城“道俗奔迎，倾都罢市”。玄奘从印度以及中亚地区带回了大量的佛经，共 526 筴、657 部，还带回了佛舍利 150 粒。在回到长安后的 20 年里，玄奘共译 75 部、1335 卷佛经，这对于中国佛教的发展有着重要的意义，尤其是在印度佛教短暂消亡时期，由于玄奘译经传教的努力，促使大量外国学生到他门下学习佛法，长安也因此成了当时世界佛教中心。

除了潜心翻译佛经之外，玄奘根据自己在印度等各个国家游历时的见闻撰写了著名的《大唐西域记》，记录他亲眼看到的风土人情。《大唐西域记》中记载了玄奘亲身经历和根据传闻所了解到的 138 个国家和城邦，不仅包括中亚地区的国家，还包括巴基斯坦北部、孟加拉国以及尼泊尔南部地区以及几乎整个印度地区，对这些国家的描述从政治到经济再到宗教、风俗、气候，可谓是古代西域和印度的一本百科全书。

（二）鉴真东渡日本

唐朝时，中日两国之间的往来活动较为频繁，中国文化在这一时期大量传播至日本，当时，很多中国人为中日两国的交流作出了巨大的贡献，高僧鉴真就是其中的一员，他不畏艰难险阻，传授佛教教义，传播先进的中国文化，大大促进了日本文学、佛教、医学、建筑和雕塑等领域的发展，鉴真也受到中日两国人民和佛学界的尊敬。

鉴真原名淳于，生于武则天垂拱四年（688 年）。14 岁时，他随父亲入寺，或许是和佛教天生有缘，他在进入寺庙不久后就产生了出家的念头，恰逢当时武则天诏于天下诸州，广度僧人，鉴真遂从智满禅师出家做了沙弥。708 年 3 月 28 日，在长安实际寺，鉴真随弘景禅师受具足戒。此后，他到处学法，很快就成为一位著名的高僧。

唐朝时期，日本的佛教发展得相对缓慢，佛教戒律也不够完善，很多日本僧人都不能按照律仪受戒。733 年，僧人荣睿、普照在遣唐使的带领下来到长安，希望能邀请唐朝高僧到日本传授戒律，且他们极力邀请鉴真前去传教。唐朝天宝元年（742 年），鉴真不顾弟子们的苦心劝阻，决定亲自东渡日本赴约。但由于地方官的阻挠，以及海上的恶劣天气，鉴真先后四次出行都未能到达，753 年 12 月，66 岁的鉴真历经千辛万苦，终于踏上了日本国土。

鉴真在日本留居近 10 年，一直不辞辛劳地传播唐朝先进的文化成就，他带去了大量的书籍，不仅如此，跟随鉴真一同东渡的还有几位深谙医学和艺术之人，他们在来到日本之后，也把其所学传播给当时的日本社会。鉴真等人还根据当时唐代寺院建筑的样式，为日本的唐招提寺进行设计，经过两年，唐招提寺建成，它也成为了日本最著名的佛教建筑。

鉴真东渡是唐朝时期中国文化对外传播的一大壮举，不仅对日本的佛教产生了深远的影响，而且还将当时唐朝的艺术文化带到了日本。总体来说，鉴真东渡的意义主要有三点：一是开创了日本律宗，介绍了天台宗；二是为日本密宗的兴起和发展奠定了基础；三是对日本的医药、建筑、雕塑、书法、饮食等领域产生了积极的影响。

四、宋元时期

宋元时期（960—1368 年），在整个中国历史上相当于一个封建社会民族融合的时期，也是封建经济进一步发展的时期。907 年，契丹首领耶律阿保机建立辽政权，定都上京。960 年后，赵匡胤黄袍加身建立宋朝，定都东京。北宋的建立彻底结束了中国五代十国的分裂局面。

到了北宋中期，中国出现财政危机和社会危机，统治者为了克服这一系列危机，在王安石的倡导下开始实施变法，得以稳定了当时的社会局面。1115

年，女真族首领完颜阿骨打建立金朝，1127 年金军南下并结束了北宋的统治。南宋的统治开始之后与金对峙，这一时期，中国南北方的经济都得到了一定的发展，与此同时也加强了经济和文化的交流。

1206 年，蒙古族首领铁木真统一蒙古各部落之后建立蒙古政权，成吉思汗及其子孙发动了大规模的战争。1271 年，忽必烈建立元朝，1279 年统一全国。

宋元时期，国家的统一为多民族国家的发展奠定了基础，特别是元朝所实行的行省制度大大促进了统治者对地方的管理，加强了统治者对国家的管辖，从而促进了多民族国家的发展。

在文化方面，宋元时期也是中国文化繁荣发展的一个时期，例如这一时期陆续兴起的程朱理学和陆王心学都极大地丰富了中国的传统文化。

宋朝时期，儒学仍处于统治思想地位，且在这一时期得到了空前的复兴。随着佛教和道教思想的发展，儒学思想受到一定的影响，新的儒学思想即“理学”诞生。理学的主要代表人物有北宋时期的周敦颐、邵雍、张载、程颢、程颐、朱熹和陆九渊。

朱熹，宋朝时期著名的理学家，作为理学之集大成者，朱熹提出“理和气”并存的观点，他认为二者是密不可分的，“理”是世界万物的本源，“天理”和“人欲”相互对立的，“欲”是一切罪恶的本源，于是他提出人应当“存天理，灭人欲”。

经过朱熹等人的完善，理学逐渐发展成为一整套完整的哲学体系，在南宋时期，理学正式成为中国的官方哲学。随后，“陆王心学”开始兴起，该理论的代表人物陆九渊提出“宇宙便是吾心，吾心即是宇宙”等理论，也在当时产生了较大的影响。

到了元朝时期，理学进一步发展，并且产生了一些新的变化。元朝时期，理学家们逐渐将理学和心学进行融合，抛弃二者的不足之处，并将其中的精华部分进行汇总，即“合会朱陆”，这也成为元代理学的重要特点之一。

在文化科技领域，宋元时期的成就主要集中于以下几个方面，如图 2－4 所示。

宋朝时期的文学非常发达，诗、词、散文等领域都在这一时期取得了较大的成就，这一时期也诞生了很多著名的文人，其中，让宋朝散文走向发展顶峰，并承接古文运动的代表人物之一就是欧阳修。除欧阳修之外，苏轼、陈师道、

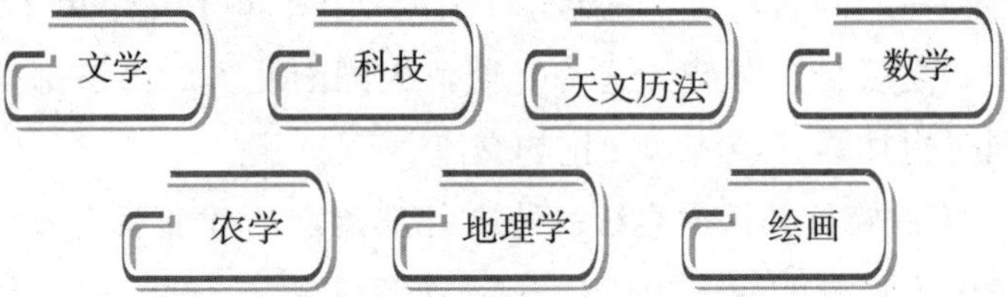

图 2—4　宋元时期的文化科技成就

黄庭坚、秦观、张耒、晁补之等都为这一时期的中国文学作出了巨大的贡献，为后人留下了无数文学经典。

宋朝时期的主要代表性的是词，词也被称为长短句，是曲子词的简称。据《全宋词》记载，宋朝的词人数量之多甚至达到了一千三百家，这些文人的作品总数达到了两万首之多。可以说，词是宋朝文学的最具代表性的体裁。这一时期著名的词人有“花间派”的晏殊，“豪放派”的苏轼，“格律派”的周邦彦，以及“婉约派”的柳永、李清照等，这些优秀的词人为后世留下了许多瑰丽唯美的经典作品。

除了词之外，宋代“说话”（评书）也是当时非常流行的一种文学载体。“说话”的内容主要为“话本”。这一时期著名的话本作品有《大唐三藏取经诗话》《新编五代史平话》、《三国志平话》《大宋宣和遗事》等，后来的明清时期，很多经典的白话小说都是根据宋朝的话本改变而成的。

宋朝时期的科技领域也取得了非常大的成就，在这一时期，最著名的科技发明创造有火药、活字印刷术、水罗盘等。

（一）火药

火药最早起源于春秋时期的炼丹术，到了北宋初年，火药被用来制作火球、火箭、霹雳炮等武器。到了南宋时期，又出现了更加现代化的火炮、突火枪、火铳等新式武器，这些武器的威力都非常大，并且被广泛应用于后来对蒙古的作战过程中。

宋朝时期有关武器的著作就是《武经总要》，编写于宋仁宗时期，这是官方修订的一部详细介绍中国军事理论与军事技术的著作，在这本书中，记录了大量有关火药的制作方法，后来，在蒙古人西征的时候，火药开始传入西方。

（二）活字印刷术

宋朝作为中国历史上科学技术发展较快的时代，诞生了很多闻名世界的发明，对整个人类文明作出最大贡献的四大发明中的印刷术就诞生于这个时期。

活字印刷术是由北宋庆历年间的毕昇发明的，这项发明堪称印刷史上的一次伟大技术革命，比德国人约翰内斯·古腾堡发明的铅活字印刷术早约 400 年。后来到了元代，王祯创制木活字，进而又发明了转轮排字。明代中期，在江苏南京、无锡、苏州等地，铜活字得到广泛的应用。

我国印刷术发明后，就开始了向外传播的历程，最先传入的国家有日本、朝鲜以及其他一些东南亚国家，后来，又通过埃及、伊朗等国家传入欧洲，这其中也经过了一个漫长的过程。

1096 年到 1270 年，欧洲多次发动十字军东征，十字军把当时中国的印刷品（纸牌、版画）带回了欧洲，欧洲人开始接触印刷品。到了 13 世纪中叶，大量欧洲人来到中国，并在返回欧洲后宣传了有关中古印刷品的知识，这极大丰富了欧洲人对印刷术的认知。意大利旅行家马可·波罗曾在元朝时期来到中国并留居多年，返回意大利时，他去了元朝的纸币，并在他的代表作《马可·波罗游记》中记载了有关印刷术的事宜。

公元 1221 年，元太祖成吉思汗攻占波斯，并且把汉族和蒙古族的文化也传入了波斯，使波斯成为东西方交流的一个重要渠道，而波斯的印刷术并没有得到较好地发展，因为伊斯兰教徒认为 真主像是不能被印刷的。

公元 1294 年，伊尔汗国曾仿照元朝的“至元宝钞”，用汉字和阿拉伯文印制并发行纸币，但这次尝试很快以失败而告终，这也延迟了印刷术迅速向西方传播的进程。

到了 13 世纪中叶，中国北方的俄罗斯开始为蒙古人所统治，印刷术也由此开始传入俄罗斯。由于战争不断，蒙古军中一些懂得印刷术的人把这项技术带到了所到之处，例如版画、符咒、纸牌、纸币等印刷品随之传入。蒙古军的所到之处也成为印刷术活动开展的活跃地区。后来，印刷术也通过俄罗斯向欧洲传播，对欧洲印刷活动的兴起产生了重要的影响。

（三）水罗盘

北宋初期，人们用天然磁石摩擦钢针，从而制作出指南针，这意味着人工磁化法的诞生。根据沈括在《梦溪笔谈》中的记载，北宋时期，人们把磁针横贯灯芯浮于水上，把磁针架在碗沿，用缕丝缀住针腰挂在空中，这种悬挂型的指南针其实就是近现代罗盘的构造。此后，人们开始把指南针固定在一个方位盘之中，罗盘针由此诞生。南宋时期，水罗盘得到广泛的应用，到了明朝嘉靖年间，旱罗盘也开始出现。

（四）天文历法

中国的天文历法也有较长的发展史，尤其是在宋朝，历法一共经历了十几次的修改，因而宋朝成为中国古代史上历法改革最频繁的一个时代。元朝时期，元世祖先后在登封、上都、大都等地修建天文台，最远的几处天文台甚至修建在了南海，在恒星的观测以及测定黄道方面中国在宋朝时期取得了领先世界的成就。

郭守敬、王恂、耶律楚材、扎马鲁丁等人都是元朝时期有名的天文学家，其中，耶律楚材曾撰写《西征庚午元历》，扎马鲁丁曾撰写《万年历》，郭守敬等人曾修改历法，历时四年，最终制定出了通行三百六十多年的《授时历》，《授时历》也是当时世界上最为先进的历法。

（五）数学

宋朝时期，中国的传统数学也取得了巨大的成就，这一时期著名的数学家主要有秦九韶、杨辉和贾宪，主要的数学著作有《杨辉算法》《数书九章》《测圆海镜》《益古演段》《算学启蒙》《四元玉鉴》等。

宋朝时期著名的数学成果主要有“杨辉三角形”，还有李冶提出的“天元术”，即天立方程的方法，还有朱世杰提出的“四元术”，即多元高次立方程算法，这些都是在世界数学领域具有较大影响力的成就。

（六）农学

元代的农业生产技术也取得了一定的成就。当时，人们在进行农业生产时讲究“天时地利”，从选种、施肥到灌溉、收获，各个生产环节的都已经达到了世界领先水平，尤其是在农业生产工具方面，耕锄、镫锄、耘荡、镰刀等农具的改进十分显著。灌溉工具等水力机械都取得了较大的改进，水转连磨、水轮、水砻等设备更趋完备，牛转翻车、高转筒车等器具也广泛投入使用。

介绍元代的农业生产技术的著作主要有《农桑衣食撮要》《农桑辑要》，以及《王祯农书》。

（七）地理学

在地理学方面，元朝时期的的主要成就集中于《元一统志》《舆地图》以及一大批游记类著作。

(八) 绘画

宋元时期，宗教美术占有较大的比重，根据史料记载，这一时期大规模修建的道观，例如景灵宫、五岳观、上清太平宫、玉清昭应宫、宝箓宫等，都是由当时有名的画家、雕塑家所产业从设计的。

宋元时期的美术继承了唐代的风气，世俗美术开始逐渐脱离宗教的束缚并独立发展。卷轴形式绘画盛行起来，绘画活动主要在皇家画院开展，在市场的刺激之下，绘画逐渐发展成为手工业，而当时手工业的快速发展也大大促进了绘画艺术的繁荣发展。宋朝时期绘画领域的一大特点是“文人画”与“花鸟画”相结合，著名的《清明上河图》就是由张择端创作于北宋时期。

五、明清时期

纵观中国历史，明清时期是封建社会由盛而衰的一段时期，具体表现为封建专制主义加强，权力高度集中于统治者手中，思想禁锢加剧，资本主义萌芽出现并开始缓慢地发展。

明清时期特别是清朝末年，是中国社会的一段重要转型期。

在这一时期，中国文化对外传播的主要途径有两个，一是中国人的远洋航行，例如郑和下西洋；二是传教士在中国游历后，将中国的文化带回欧洲，再进行传播。

郑和，1371 年出生于云南，1382 年，明军平定云南时，大量掳去当地的幼童，郑和就是其中之一。后来，郑和作为宦官服役，在前往燕王朱棣藩邸之时，两位有雄才大之人不谋而合，最终共同成就了开拓海上“丝绸之路”的佳话。

永乐二年（1404 年），“靖难之役”功成，朱棣即位，在论功行赏时，郑和被朱棣赐姓“郑”。当时的中国百废待兴，统治者希望向各国传递和平的理念，让诸国前来朝贡，从而增加其统治地位的合法性，于是决定派人出使西洋。郑和在当时算得上是一位有勇有谋之人，宦官中无出其右者，于是，统治者委任郑和为正使。

郑和共航行七次，他率领船队从南京出发，在福建福州的长乐太平港驻泊，伺风起航。郑和的船队远达西太平洋和印度洋，途经 30 多个国家和地区，例如爪哇、苏门答腊、苏禄、彭亨、暹罗、阿丹、天方等，最远曾到达东非、红海。

郑和下西洋，是中国古代史上规模最大、时间最久的海上远航，他的船队在多个国家留下印记，并传播和平理念和中国先进的文化，也为中国引进了外来的优秀文明成果。郑和的使团在所到之处给当地人传授中国的医术和农业知识，并将当地优秀的文化记录下来，其团队成员撰写的《瀛涯胜览》《星槎胜览》《西洋番国志》等，记载了船队所到之处的风土人情，为后人留下了宝贵的文明财富。

郑和下西洋堪称是15世纪末欧洲地理大发现之前，世界历史上规模最大的一系列海上探险。

除了中国人的远洋航行之外，中国文化在明清时期的传播方式还有西方传教士的文化传播活动。明清时期，大量欧洲的传教士在中国传播宗教、学习中文、翻译中国著作，他们也是这一时期将中国文化传播到欧洲的重要载体。

由于东西方文化背景之间存在较大的差异，受到语言不通的影响，东西方文明的交流面临着重重的阻碍，两种文明在交流的过程之中，也必定会产生一定的冲突，这就造成了明清时期外国传教士对中国文化产生了一定的误解，例如在当时，基督教教义和儒家文化的思想核心被严重混淆。但尽管如此，传教士的文化活动还是为中西方的文化交流架起了一座桥梁。

明清时期，中国文化对外传播的主要内容可以分为四个方面，如图2—5所示。

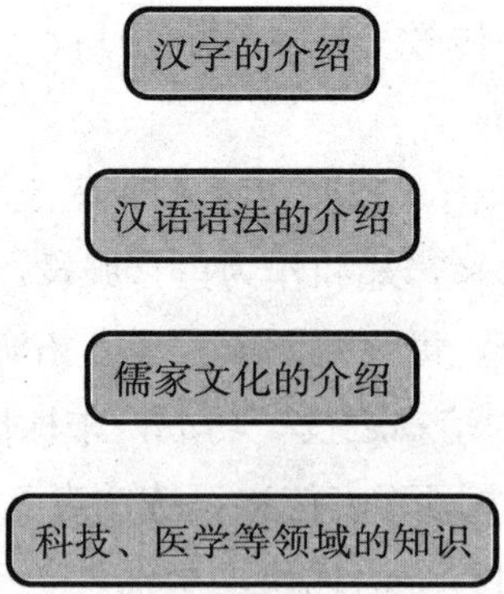

图2—5　明清时期中国文化对外传播的主要内容

(1) 传教士向欧洲介绍汉字

明清时期，儒家思想仍然是中国的统治思想，对中国的政治、经济、文化等各个方面都都产生了深刻的影响，这种思想也已经深深根植于大部分中国人的心中。对于传教士来说，想要在中国这个文化底蕴深厚的国家进行传教活动，语言作为一个重要的桥梁，是搭建沟通渠道的必备要素。

所以，大部分传教士都意识到了学习汉语言的重要性，他们也认识到，掌握汉语是改造中国人信仰的必要前提。于是，大部分欧洲传教士开始学习汉语，在学习的过程中，他们广泛使用罗马字母来为汉字标注读音，逐渐地，中西字典编纂而成，这也成为欧洲人开始阅读汉字的重要工具，这也直接促进了中国文化在欧洲的传播。

1583 年至 1588 年，罗明坚和利玛窦利用标注拼音的方法共同编纂了《葡汉辞典》，但是，由于早期的罗马字母体系还不够完善，许多汉字按照罗马字母标注出的读音都是不准确的，例如声调和送气音的种种缺失等，常常造成交流中的困难。尽管存在一些不完善之处，用葡汉两种语言编纂的《葡汉辞典》仍作为世界上首部欧汉双语词典，为中国的音韵学研究奠定了基础，为西方开始研究汉语文化开辟了第一条道路，是西方研究汉字发音的重要开端，也促进了明清时期汉语言文化在世界范围内的传播。

随后，于 1605 年问世的《西子奇迹》标志着汉语语音的正式形成，该书源自利玛窦赠给友人的三篇文章，后来教会将其编纂成册，由此，传教士通过字符、字母和声调符号的不同组合对汉字的读音进行拼读，这也是罗马拼音的第一次实际应用。1626 年，法国传教士金尼阁编著的《西儒耳目资》问世，汉语拼音进一步得到完善，这部著作也是传教士学习汉语言的重要工具。

（二）传教士向欧洲介绍汉语语法以及学习方法

明清时期，传教士对汉字的学习主要集中于对读音的学习和对字形、字义的认识，对汉语语法的研究几乎为零，这也导致了其传教活动中遇到的一些困难。于是，16 世纪末，汉语语法的学习和研究开始引起了广泛的重视，介绍汉语语法的相关著作逐渐问世。

一些研究汉语言语法的人例如卫匡国、瓦罗、马若瑟等所编写的专著，都促进了欧洲国家对汉语的认识，也促进了中欧文化的交流，对后世研究近现代汉语提供了重要的借鉴。

1652 年，意大利耶稣会传教士卫匡国编写的《中国文法》问世，该书是第一部在欧洲出版的有关汉语语法的著作。在这本书中，卫匡国大量引用具体的中文实例，详细解释汉语词汇的词性和种类，并详细阐释了有关语法的要点。

卫匡国还参照拉丁语系的研究方法，来介绍汉语的语法结构，尽管该书由于文化差异的限制而存在一些欠缺之处，但卫匡国仍然开启了传教士研究汉语语法之先河。

1682年，瓦罗编写的《华语官话语法》正式出版，该书同样是介绍汉语语法的一本著作。《华语官话语法》主要根据明末清初时期的“南京官话”来编写，以“南京官话”的词汇、语音、语调以及语法为研究对象，按照拉丁语法框架，对汉语的语法规则进行系统的阐释，对汉语词汇的种类进行比较详细的划分，瓦罗还特别强调了研究汉语时的三大重点内容，即词汇、声调和词序。瓦罗对汉语语法的研究相对于前人来说更加地深入和全面。

1728年，法国著名汉学家马若瑟的《汉语札记》问世，在该书中，马若瑟引用了大量的实例，重点探讨了汉语口语和书面语的语法。不仅如此，该书还引用了一些中国经典的小说、戏剧等作品，这对于中国古典文学在欧洲的传播也起到了积极的作用。马若瑟基本摆脱了拉丁语语法的限制，基本区分了汉语中口语和书面语之间存在的语法差别，提出了汉语虚词和实词等概念，从此，外国人对汉语语法的研究更加符合汉语自身的特点。

到了19世纪初，各种有关汉语语法的著作相继问世，例如马礼逊的《通用汉言之法》、艾约瑟的《上海方言口语语法》《汉语官话口语语法》等，这些优秀的著作都实现了汉语语法研究和学习的创新性发展，也在欧洲掀起了一波汉语学习的浪潮，汉语以及中国传统文化在欧洲各国得到了进一步的传播和扩散。

随着欧洲传教士对于汉语和中国文化的认知不断加深，汉字也通过这些传教士的书信、著作等形式被传入了欧洲，例如法国耶稣会传教士晁俊秀就曾在给有人的书信中表达了自己对汉语的认知，他不仅介绍了汉语和西洋语言之间存在的巨大差异，还感叹汉语是世界上最难掌握的一门语言。

利玛窦在《西国记法》中还谈到了汉字的五种声调，阐释了“汉字读音不同、含义也不同”等理论，对于那些对声调缺乏概念的西方人来说，该理论在其学习汉语过程中提供了很大的帮助。利玛窦还指出，学习汉语的过程中，应当把语音、声调、字形、字义相结合，这是快速学习汉字的好方法。此外，曾德昭的《大中国志》、安文思的《中国新史》等著作又对汉字的演变过程、结构、笔画特点、象征意义等方面做出详细阐述，大大促进了汉语的传播。

就这样，在华传教士们的有关汉语研究的著作开始大量传入欧洲，这对欧洲人学习汉语和中国文化提供了很大的帮助，对欧洲语言学的发展产生了重要的影响，也奠定了欧洲汉学研究的基础。西方传教士在介绍汉语言的同时，也传播了中国的思想文化，为中国文化在欧洲的传播作出了很大的贡献。

（三）翻译儒家经典，介绍儒家文化

随着汉语在欧洲的学习浪潮不断兴起，中国文化也开始了进一步在世界范围内的传播。

欧洲传教士们在学习汉语的过程中，进一步了解中国博大精深的文化，尤其加深了对儒家思想的深刻认识，他们开始钻研大量的文化典籍，进行翻译、编写并通过邮寄和携带的方式，将承载着中国文化的典籍带入欧洲，对当时欧洲的社会生活都产生了较大的影响。

文化的传播和交流需要依靠翻译活动。欧洲传教士对儒家文化经典的翻译和传播活动主要可以分为两个阶段，一是 19 世纪前，在华传教士把拉丁语、法语、西班牙、意大利语等转译为英语，二是 19 世纪到 20 世纪时，英美新教传教士将汉语典籍译为英语并广泛传播。

19 世纪，在华传教士在学习汉语的过程中逐渐意识到了儒家文化在中国人心中的重要地位，也认识到了想要打破中西方的文化壁垒，让中国人接受基督教，就必须把基督教义转换为更易于中国人理解和接受的内容，而这就需要把基督教义和中国传统的儒家思想相结合，在直接传播基督教义的基础之上，通过注释和翻译等方式，来把最能代表中国儒家文化的“四书五经”进行新的阐释和传播。

《明心宝鉴》成书于明代初期，该书将儒、道、佛三家学说相融合，重点阐述了儒家学派的道德观念，是当时广为流传的著作，西班牙传教士高母羡将其翻译成西文随后传入欧洲，该著作是中国历史上译介到西方的第一本古籍。随后，意大利耶稣会传教士罗明坚把《大学》的部分内容译成拉丁文；卫匡国在欧洲出版的拉丁文《中国上古史》，重点介绍了儒家思想；葡萄牙传教士曾德昭撰写《中华大地国志》表达了对孔子的高度崇拜；安文思撰写《中国新志》颂扬中国人的智慧；比利时传教士柏应理编译《中国哲学家孔子》，首次全面地向西方介绍并解读儒家思想。

1812 年，马礼逊将《三字经》和《大学》译成英文版；1809 年，英国伦敦会传教士马歇曼于英译并出版了《论语》；1861 年，伦敦会传教士理雅各首次将儒家经典“四书五经”系统地、完整地翻译成了英文；1891 年传教士詹宁斯译著的《诗经》在英国出版；19 世纪 70 年代，德国传教士花之安将《论语》和《孟子》翻译成德文，推崇“孔子加耶稣”的思想。这些著作都为中国文化在欧洲的传播作出了巨大的贡献，给渴望了解东方文化和伦理道德的人提供了良好的机会。

新教传教士对儒学经典进行了更为准确的翻译和阐释，成功打破了中国哲学和西方宗教思想之间的壁垒，帮助西方人更好地认识真正的中国儒家文化，也一定程度上加强了中西方之间的联系。

（四）传播科技、文学、医药、地理、农业等领域的知识

明清时期，来到中国的欧洲传教士们除了翻译大量的儒家经典介绍中国哲学之外，还积极关注中国的文学、科技、医学、地理和农业等领域，并翻译了多本经典著作，通过这样的方式，他们把中国的优秀文明成果传入西方，大大促进了中西方文化的相互借鉴和融合。

在文学领域，法国耶稣会士马若瑟将经典元杂剧《赵氏孤儿》译为法文，并将译本收录进了《中华帝国全志》。《赵氏孤儿》作为中国古典戏剧的经典，其对善良勇敢之人的歌颂同法国古典主义戏剧存在相似之处，出版之后就在欧洲受到广泛好评，并被译成了英、意、德、俄等多种语言。

在科技领域，1852 年，英国传教士伟烈亚力发表了《中国数学科学札记》，重点比较了中西方数学的差异，对中国数学进行了客观公正的评价，为后来西方对中国数学的研究奠定了基础。此外，伟烈亚力曾在他创办的《六合丛谈》上多次发表有关中国天文学的文章，将中国天文学领域的成就介绍给了西方。

18 世纪，法国耶稣会传教士宋君荣对中国天文学领域取得的成就与进行了更为系统的介绍，他所编写的《中国天文学》《中国天文学史》《1735 年的七星表》《中国天文学》《古代中国对黄赤交角的观测》以及地理学方面的《北京志》等，都是西方了解和学习中国在天文地理领域成就的重要参考文献。

在医学方面，波兰天主教耶稣会传教士卜弥格是第一位将中国医学介绍到西方的人，他所编写的《中国植物志》《中国医药概说》《中国诊脉秘法》等，把中国的医学成果引入欧洲，引起了欧洲医学界对传统中医的关注。

此外，传教士雒魏林和嘉约翰还对清代中医产科专著《达生编》进行了翻译，把中医在孕妇分娩和用药方面的知识详细介绍给了西方，促进了近代中西医产科方面的互相交流；法国耶稣会士殷弘绪把中国的种痘免疫法介绍到欧洲，肯定了中国人工种痘技术的先进性，还把他对中医药物治疗和保健等内容通过信件的方式传播到欧洲，这些记录了中医知识的信件后来也被编进了《中华帝国通志》。

明清时期，中国农业领域的成就也主要通过传教士传入欧洲，例如中国农业著作《天宫开物》《农政全书》和《授时通考》都是经过传教士们的翻译后出版，再传入欧洲并引起了比较强烈的反响。一些著作例如门多萨的《大中华帝国史》、基歇尔的《中国图志》等还系统地介绍了中国的传统农业技术，把中国人的农业思想介绍给了西方。

第二节　近现代中国文化的对外传播

近代中国文化对外传播可以大致分为两个阶段：清末至鸦片战争时期、鸦片战争之后至民国时期，在这两个阶段中，中国文化的发展受到了战争的影响，文化对外传播的进程也受到了阻碍。

一、清末至鸦片战争时期

从中国历史的总体进程来看，晚清时期是中国近代史的开端，也是中国走向半殖民地半封建社会的开始。在压片战争爆发之前，中国的封建社会已经延续了两千多年，中国的封建文化也发展得相对成熟，儒家思想仍然是中国文化的主流。

清末至鸦片战争时期，中国社会主要有四个特点，如图 2—6 所示。

从战国时代到 1840 年的鸦片战争，中国的封建社会延续了两千年之久，到了清朝暮年，中国的社会主要有四个特点。

在经济上，封建贵族和地主阶级虽然只占社会的一小部分人口，但他们却拥有大量的土地，而占人口大多数的农民反而只拥有少部分的土地，他们不仅要租种地主的土地，辛勤地劳作，还要缴纳非常高昂的地租。因此，自给自足的自然经济是这一时期中国主要的经济形势，主要的生产结构就是小农经济，

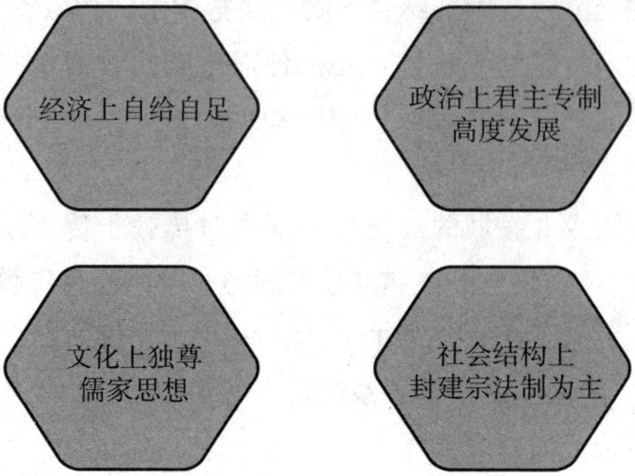

图 2—6　清朝末年中国社会的特点

即以个体家庭为单位，农业与家庭手工业相结合，这样的经济类型虽然有利于封建社会农业经济的发展，但同时也束缚了生产力的发展。

在政治上，从秦始皇统一中国开始，历代统治者都注重加强集权统治，到了清朝，封建君主专制制度发展到顶峰，这种制度在一定程度上维护了多民族国家的统一，增强了对国家领土的维护，但与此同时，这种专制制度也阻碍了中国社会的进步，特别是到了清朝时期，高度集中的通知通统治之下实行的闭关锁国等政策严重阻碍了中国社会的发展，是造成中国近现代落后的主要原因。

在文化上，儒家思想是中国的主流思想，是中国文化的根源主体。自汉武帝“罢黜百家，独尊儒术”以来，儒家思想一直都是中国历代王朝的正统思想，在不同的朝代都得到了较好的继承和丰富。清朝末年，儒家思想所讲究的“三纲五常”已经深入人心，此外，在和道教、道教思想相融合之后，儒家思想一致都是封建统治阶级加强对人们的思想控制的有利武器，从某种程度上来说，儒家思想已经发展成为服务封建统治的工具。

在社会结构上，以宗族家长制为核心的宗法等级制度是核心，君权、父权、夫权在整个社会结构中占主导地位，族权和政权相结合是主要特征，这种社会结构促进了社会安定秩序的形成，但在清末时期，这种结构逐渐沦为社会进步的阻碍。

在鸦片战争爆发之前，清朝政府的对外政策以“闭关锁国”为主，因此，这一时期中国对外交流活动较少，文化对外传播进程受阻。

闭关锁国政策即指闭关自守，不和外界往来的一种政策，无论是经济、政治还是文化方面，都不和外界进行接触，是一种典型的孤立主义，这一制度从明朝后期统治者所实施的海禁政策为开始，一直到鸦片战争之后中国大门被迫打开，中国的实力开始逐渐滞后，整体国力也落后于西方。

清朝末期，闭关锁国政策对中国来说，消极影响远大于积极影响，从文化传播的角度来说，该政策阻碍了中国与外界的文化交流，文化受阻，而外来优秀文明也被挡在了国门之外。

闭关锁国政策的积极影响主要有三点，一是打击了海上走私和海盗行为，二是稳定了沿海地区的社会秩序，三是对西方殖民国家的侵略起到了一定的防御作用。而这一政策的消极影响则是阻碍中国吸收外来先进的文化和科学技术，使中国与世隔绝，资本主义萌芽的发展受阻，中国逐渐和整个世界脱轨。

2、鸦片战争之后至民国时期

鸦片战争是中国近代史的开端，也是中国国门被迫打开的标志，从这时开始，中国一步步沦为半殖民地半封建社会，清朝的统治走向衰弱，西方列强不断对中国进行侵略，一些列不平等条约的签订以及列强对中国领土的过分都导致这一时期成为中国历史中最屈辱的一段时期。

晚清时期，随着西方资本主义的不断侵入，清朝统治者统治中国的经济基础，即自给自足的自然经济开始逐步瓦解，伴随着西方列强在中国设立工厂进行资本输出以及洋务运动等活动的开展，中国的民族资本主义也开始了缓慢发展的进程。

这一时期的中国面临着内忧外患，在这种危急的情况之下，中国社会的各个阶层都开始探索救亡图存的道路。农民阶级发起了太平天国运动和义和团运动，这对清政府腐朽不堪的统治以及西方列强的势力造成了一定的打击，同时，在文化方面，晚晴时期的中国文化基本处于停滞不前的状态，但总体来说，出现了冲破封建主义束缚的趋势，呈现出向西方文化探索和学习的特点。

鸦片战争之后，中国在应对内忧外患的同时，还处于改革派和守旧派的拉锯之中，西方列强入侵的同时，带去了相对先进的资本主义制度，引入了西方的科学技术与文化，一定程度促进了当时中国的成长与革新。

洋务运动引进了西方先进的科学技术，使中国的民族资本主义得到一定的发展，而甲午战争的惨败又使中国的改革受到打击，西方列强开始进一步瓜分中国。随后，维新派发起的戊戌变法也遭到守旧派的强烈抵制而告终。八国联军侵华之后，清政府虽然发起新政改革并取得了一定的成效，但对于当时的中国社会来说远远不足以改变内忧外患的局面，许多知识分子对此感到失望。

1911 年 10 月 10 日，辛亥革命爆发，随即席卷全国，1912 年 2 月，宣统帝溥仪被迫颁布退位诏书，清朝的统治走向终点，结束了自 1644 年入关以来 268 年的统治。

总体来说，从鸦片战争之后到民国建立的这段时间，中国在对外交流的活动中一直处于被动的状态，中西方的文化碰撞带有一丝悲壮的色彩，中国传统文化受到西方文化的大力冲击，这一时期中国文化对外传播主要通过那些在华的传教士，西方先进的文化和科学技术，随着西方列强们的坚船利炮进入中国人的视野。

鸦片战争之后至民国时期，中西方的文化交流以战争为重要形式，中国处于被动接受的状态。在鸦片战争之前，东西方文化交流是平等的、互相尊重的，中国不仅把优秀的文明传播到世界各地，也积极地吸收了外来的优秀文化成果，相互学习、相互融合是文化交流的主要归宿。而在鸦片战争之后，虽然中西方文化交流的程度加深、规模扩大，但西方文化始终处于征服者的地位，而中国文化处于相对被动的地位，这种不平等甚至是对立的交流对中国传统文化产生了较大的影响。

西方文化作为一种更具优势的外来文化，虽然同中国两千多年来以儒家伦理纲常为核心的传统文化截然不同，但凭借政治、经济、军事等方面的优势，对中国社会产生了巨大的影响。

尽管中国在近代时期以被动接受西方先进文化和科技为主要交流内容，中国文化对外传播的脚步依然没有停止。19 世纪末 20 世纪初，中国文化对外传播的方向主要是一些周边的国家，其中，同日本的文化交流是最频繁的，主要的传播方式就是向日本派遣留学生。

通过向日本派遣留学生进行文化交流，一定程度上推动了清末的新政和立宪运动的开展，这对中国的近代化起到了推动作用，与此同时，被派往日本的留学生接触到了一些欧美先进的资本主义思想，他们明白了只有革命才能从根本上改变中国的命运，他们也积极投身于宣传新思想的活动之中，并在后来策划并推动辛亥革命的开展。

从隋唐时期开始，中日文化交流就不断发展，在交流的初期，中国一直都是以文化输出为主，日本则以学习为主，而中国的封建文化也对日本社会的进步起到了积极的推动作用。

但是，1853 年欧美列强通过的《日美和亲条约》以及 1858 年通过的《日美修好通商条约》，日本的独立受到威胁，当时的日本政府果断地下去策略，积极学习欧美先进的政治制度和文化，同时把西方的价值观念、生活方式也介绍到了日本社会，这种文明开化的政策大大加速了日本的发展。

日本的进步使中国的知识分子意识到了改革的重要性，例如康有为提出“我朝变法，但采鉴于日本，一切以足”的观点，他还向光绪皇帝进呈了《日本变政考》，积极推动维新变法的开展，清政府也在内外压力之下推行新政，此时中日文化交流以中国向日本学习为主。

中国派遣留学生赴日的高潮发生在义和团运动被镇压之后。1905 年，清政府宣布，留学生经过朝廷的考试就可以被授予官职，这直接刺激了当时很多知识分子赴日学习的愿望。根据日本学者实藤惠秀所编写的《中国人留学日本史》中的记载，1905 年、1906 年清政府派遣的赴日留学生达到了 8000 多人，形成了这一时期中日文化交流的高潮。

戊戌变法之后，大批留学生被派往日本，他们主要通过翻译书籍的形式学习先进的思想文化，并将其传入当时的中国，对中国近代的思想演变和政治变革产生了巨大的影响。赴日留学生创办了译书汇编社等译书机构，将一些包含先进思想的书籍译为汉语。

甲午战争爆发之前，赴日留学生翻译的书籍以介绍西方先进的自然科学为主，这也是受到当时洋务派的“师夷长技以制夷”的影响。但在甲午战争爆发之后，中国的一些知识分子意识到想要挽救中国的命运，只学习先进的科学技术是远远不够的，而是要改变中国落后的政治制度。

于是，赴日留学生开始积极翻译介绍西方先进制度的书籍，企图启迪国人落后的思想，他们创办刊物，建立革命组织，积极宣传西方先进的政治思想和法律知识，为民主革命的开展做准备。在后来爆发的辛亥革命中，很多参与者和策划者都是曾在日本接触先进思想的留学生们，例如 1911 年，同盟会在香港成立统筹部组织起义，其中重要的参与者都是赴日留学生，也正是因为他们的努力，中国的资产阶级民主革命才取得了成功，对救亡图存的不懈探索才取得了初步的进展。

第三节　当代中国文化的对外传播

1949 年 10 月 1 日，中华人民共和国中央人民政府成立，压在中国人民头上的帝国主义、封建主义和官僚资本主义这三座大山被彻底推翻，新民主主义革命的伟大胜利。新中国的成立，意味着中国历史的新纪元，中国近代一百多年来的屈辱历史彻底结束，中国人民从此站起来了，成为了国家的主人。

新中国的成立以及社会主义制度的确立，为中国社会的发展奠定了根本的政治基础，也为文化的建设和对外传播提供了政治保障。

一、起步阶段（新中国成立后）

新中国的文化事业，继承了五四运动的科学精神，并深深扎根于中华民族优秀的传统文化之中，在发扬革命文化优秀传统文化的同时，也不断适应时代的需要，经过几代人不懈地探索实践，终于走上了中国特色社会主义文化道路。

自从新中国成立之后，党和政府就一直把文化对外宣传事业作为文化建设的一项重要内容，而文化事业的建设也和当时中国的经济建设和社会发展息息相关。总体而言，新中国成立后，中国文化发展和对外传播的历程大致可以分为三个阶段，如图 2—7 所示。

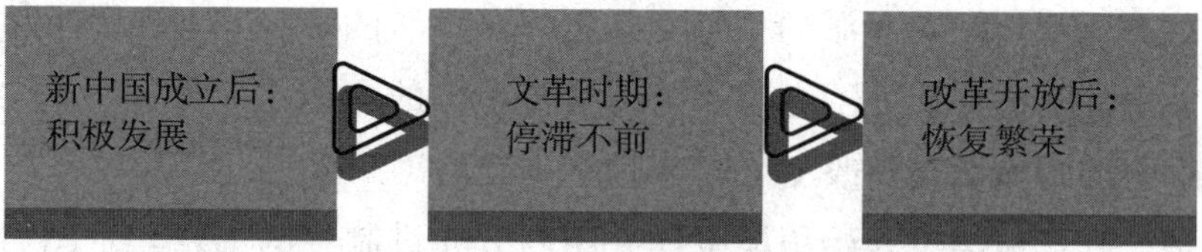

图 2—7　新中国成立后中国文化对外传播的三个阶段

1949 年，中华人民共和国成立之后，中国社会百废待兴，而此时，西方敌对势力纷纷对我国进行封锁，在这样一个关键而又特殊的时期，我国在文化方面所进行的对外宣传和交流活动在促进文化建设、加强对外交流联系方面发挥了巨大的作用。

中华人民共和国成立不久之后，中央人民政府新闻总署成立，国际新闻局设立，该机构主要负责我国的对外报道。从 20 世纪 50 年代开始，陈毅主要负责我国对外宣传工作，主持主持国务院外办。

在当时，新华通讯社是中国的国家通讯社，是中国共产党早期创建的舆论宣传机构，一直到“文化大革命”之前，新华社在世界上的很多国家和地区都建立了分社，除此之外，中国国际广播电台、外文出版发行事业局、对外文化联络委员会、中国新闻社等机构的相继建立，都大大促进了我国对外宣传的发展。虽然在当时，我国的声音比较微弱，但也积极对外出版和发行书刊，参与了各种文化交流活动，以中国文化独一无二的魅力加强和世界的联系。

新中国成立后，中国文化对外传播的主要方式为举办艺术展览、交换图书资料、派文化代表团出国访问等。当时，中国同苏联、东欧，以及亚、非、拉地区的很多国家都进行了丰富多彩的文化交流活动，这不仅加深了中国同这些国家之间的相互了解，还大大巩固了双边关系。

这一时期的文化交流活动，不仅向世界展示了新中国的建设成果、传播了中国优秀的历史文化，还在世界范围内树立了良好的国家形象。例如，在 20 世纪 50 年代，中国电影《白毛女》上映，随后在 30 多个社会主义国家和地区进行了公映，受到了广泛的好评。《白毛女》这部反映“旧中国把人变成鬼，新中国把鬼变成人”的影片，直接向外国展示出中国文化艺术的新成就，也向世界传达了新中国革命胜利的伟大意义。当时，一位来自捷克斯洛伐克文化官员在看过电影之后感叹“《白毛女》这部作品充满了诗意，我从中体会到了中国悠久的文化和艺术，中国人民在旧制度压迫下的勇敢抗争令我感动”。

1949 年，毛泽东同志在全国新政协会议上提出：“随着经济建设的高潮的到来，不可避免地将要出现一个文化建设的高潮。中国人被人认为不文明的时代已经过去了，我们将以一个具有高度文化的民族出现于世界。”

1949 年 7 月，中国召开了第一次文代会，在会议上，我党明确提出“文艺为人民服务，首先是为工农兵服务”这一基本方针，随后中华全国文学艺术界联合会以及各艺术领域协会相继成立，对新中国的文化事业的建设起到了积极的推动作用，更动员了当时大量的文艺工作者积极投身于社会主义文化艺术事业的建设当中去。

1956 年，为了全面促进中国文化艺术事业的发展，毛泽东同志提出“艺术上百花齐放，学术上百家争鸣”的基本方针，该方针极大地激发了广大文艺工作者的热情，一大批优秀的文艺作品相继问世，形成了新中国文化艺术事业发展的第一个高潮由此到来。

此外，在这一时期，为了突破西方国家对我国的封锁，中国积极开展对外文化交流和文化外宣，和许多西方国家都建立了外交关系。例如，通过频繁的文化交流活动，中国和日本的关系得到发展，与法国建立了外交关系，通过著名的“乒乓外交”，中美之间的关系也成功解冻，这都为中国文化的进一步对传播打好了基础。

为了配合当时中国外交发展的需要，我国重点在新闻媒体、广播电视、文学艺术等领域同亚非拉发展中国家和部分西方国家进行广泛的交流和合作，积极扩大中国在国际社会的影响力，为社会主义的和平建设争取稳定的环境。

到了 1966 年，我国已经和多个国家签订了 41 个文化合作协定以及 155 个文化交流执行计划，每年，我国同其他国家的文化交流项目多约一百多个，参与其中的文艺工作者达到两千多人，来自多个国家的文化代表团积极访问中国，大大增进了中国与各国人民之间的友谊。

在苏联等社会主义国家的友好帮助之下，我国积极引进了大量外国的艺术品种，例如芭蕾、交响乐、歌剧、油画等西方古典艺术门类，极大地丰富了我国的艺术门类体系，我国的艺术教育体系也随之建立，大批优秀的文艺人才涌现。

总之，从 1949 年新中国成立一直到“文化大革命”之前，我国的文化事业不断发展，文化对外传播事业也有了较大的进步，初步形成了一个多渠道、多层次的文化外宣体系，为打破西方敌对势力的孤立和封锁作出积极贡献，也在国际社会上树立、推广了新中国良好的国际形象，巩固了新生的人民政权。

通过这一时期积极发展社会主义新文化，以及向世界传播中华民族优秀传统文化，世界各国人民特别是文化工作者们对新中国有了更深刻的认识，社会主义新文化也吸引了很多国家的关注。到了 1966 年，中国与多个国家签订了 30 多个文化合作协定，开展艺术交流活动达到三百多场，与此同时，中国国际广播电台的播出语言达到三十多种，扩大了中国对外宣传的覆盖面，促进了建国初期我国与世界各国人民之间的沟通和交流。

二、停滞阶段（“文革”期间）

1966 年，“文化大革命”爆发，文化领域的发展陷入了停滞。

1966 年 4 月，《部队文艺工作座谈会纪要》提出了所谓的“文艺黑线专政论”，全面否定新中国成立 17 年以来社会主义文艺事业所取得的成就，还宣称自新中国成立以来，中国文艺界“被一条与毛主席思想相对立的反党反社会主义的黑线专了我们的政”，因此必须要坚持“无产阶级专政下的继续革命”。从此，中国的文艺界开始经历十年的浩劫，一大批文艺界的工作者和艺术家被贴上了反动派“反动派”的标签，受到各种批判，有的人甚至被迫害致死。

1969 年，经历了对文艺界的“斗、批、改”后，在当时负责管理全国文化事业的国务院文化部，以及其所属单位、文联等部门的工作人员，全部被下放到干校接受劳动改造以及再教育。

在这一时期，艺术创作领域盛行唯心主义史观和教条主义，提出了“三突出原则”，极力否定文学艺术的多样性，排斥新颖的文学作品，这都严重违背了之前提出的“双百方针”，也根本不符合文学艺术的发展规律。

在戏剧方面，各种内涵丰富的中国传统戏剧都被污蔑为“毒草”，很多地方剧种和具有地方特色的文艺形式等演出都被叫停，只剩下少数“革命样板戏”还允许存在，“八亿人民八台戏”是当时戏剧领域的主要特点，大量优秀的传统戏剧传播受阻，我国戏剧领域发展陷入停滞。

在影视领域方面，只有那些有关于革命题材的电影得到保留，其余大部分电影无论题材如何都被否定，尤其那些“文革”前拍摄的电影，基本无一幸免。在美术领域，代表中国优秀传统文化国画受到打压，国画中的有关古典文化的内容被无端指责与批判，那些所谓的“迎合西方资产阶级和修正主义的黑画”被收集起来进行集中展览和批判。

在文学和出版领域，除了有关马克思、恩格斯、列宁、斯大林和毛泽东的著作之外，其余所有的文学著作，尤其是有关中国古典文学和外国优秀文学经典、社会科学、历史自然、法律哲学的书籍，通通被打入冷宫，被一概划分为“资本主义、封建主义和修正主义的文学”，禁止出版和发行，也禁止任何人阅读。在当时，背诵领袖人物的语录以及学唱样板戏是人们的主要文化活动形式，因此，文化活动也逐渐发展为了群众性的政治运动。

“文革”时期，所有博物馆、图书馆全部关闭，公共文化设施被改为他用，经典的古典书籍和珍贵的文化遗产被划分为“四旧”或者“文化糟粕”，大量文化经典作品遭到摧残。

这一时期，中国文化的对外传播工作陷入完全的停滞，文化对外宣传工作遭到严重的阻碍，很多文化宣传机构被撤销，宣传组织也被强行解散，一切外来文化无论内容如何都被全盘否定，同外国签订的各项文化协定被迫中断，文化交流活动也被取消。

“文革”十年期间，文化专制主义盛行，优秀的传统文化遭到破坏，一大批文艺工作者受到迫害，文化对外交流和传播进程受阻，人们的精神和思想受到严重的禁锢，整个中国的文化领域遭到严重的打击，中国的文化花园一片凋零，遭到史无前例的浩劫。

三、发展阶段（改革开放后）

改革开放以后，我国文化事业的发展和文化对外交流活动开始逐渐恢复往日的生机。1978 年 12 月召开的中国共产党十一届三中全会，更标志着我国社会主义建设的新起点，也是我国文化事业和文对外传播事业繁荣发展的开始。

1978 年 5 月 11 日，《光明日报》发表文章《实践是检验真理的唯一标准》，这在全国范围内引起了一场大规模的有关真理标准的讨论，人们的思想开始受到初步的启迪和解放。在邓小平等人的支持下，新闻界和理论界的工作者们相互配合，有关真理标准的讨论也最终以打破“两个凡是”的束缚为结果。这场讨论为党在十一届三中全会重新确立马克思主义为思想路线提供了思想上和舆论上的准备，在整个中国的历史进程中产生了深远的意义。

为了推动经济的发展，就必须进一步解放人们的思想，挣脱有关“姓资姓社”的束缚，从而推动改革的步伐，加快中国经济发展。因此，中国社会的意识形态开始发生变化，人们的思想得到进一步的解放，出现了多元化的观点。

在当时，大部分中国人民更期盼经济的快速发展以及一个更加和平稳定的环境，对于政治和意识形态等方面不愿做太多的评论。在言论自由方面，只要不是涉及煽动推翻国家政权，泄露国家机密，破坏社会稳定，挑拨民族矛盾等方面的言论，都已开放。江泽民和胡锦涛这两代领导人，在继承邓小平改革开放理论的基础之上，分别提出了“三个代表”重要思想以及“和谐社会”“科学发展观”等理论，不但进一步阐释了中国特色社会主义的伟大内涵，也进一步解放、引导了人们的思想。

自从新中国成立之后，我党就对文化的发展道路进行了不懈的探索，经过几代人的不懈努力，取得了丰硕的成果。毛泽东作为伟大的思想家，战略家，对新中国建立之后的经济建设和文化建设都做出过较大的贡献，提出了丰富的理论。他的一些有关文化建设的战略思想对于今天的文化事业建设工作仍有重要的意义，例如他的“政治经济文化三位一体”思想以及“建设民族的科学的大众的文化”等思想，对于今天文化的繁荣发展仍有重要的指导价值，也奠定了中国文化建设的基础，对新时期中国特色社会主义文化的发展有很多值得借鉴的地方。

自改革开放以来，在继承毛泽东提出的有关文化建设理论的基础之上，我党不断在文化建设新实践中积累经验，丰富和发展关于文化建设的战略思想，并且取得了丰硕的成果，国家的文化软实力得到了较大的提升。

改革开放以后，以十一届三中全会为起点，中国文化发展进入了一个新的时期，在改革开放实践的基础之上，党的第二代领导集体充分总结了以往文化建设中的经验和教训，对文化“为人民大众服务，为政治服务”的方针进行了调整，提出“建设社会主义精神文明”的方针，以及文化建设要“面向现代化、面向世界、面向未来”战略，这不仅丰富了毛泽东有关文化发展的战略思想，也为新时期社会主义文化建设构建了基本的战略框架。

改革开放以后我国文化事业建设的重点内容主要有以下几个方面，如图 2—8 所示。

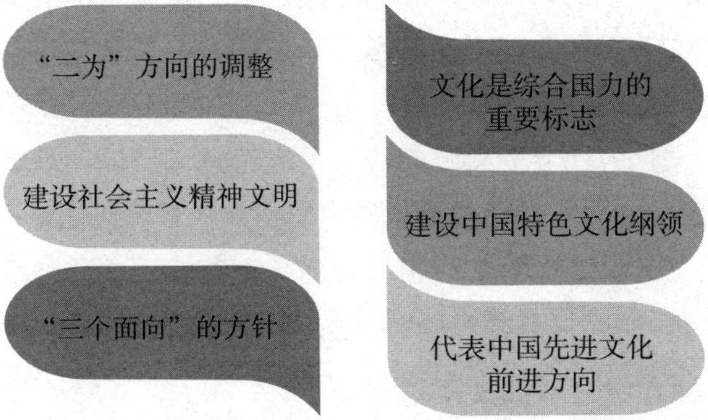

图 2—8　改革开放以后我国文化事业建设的重点内容

（一）“二为”方向的调整

毛泽东曾在新民主主义革命时期提出“文化工作要为人民大众（工农兵）服务”，这一方针对抗日战争时期解放区的文化建设以及新中国成立以后文化建设有重要的指导意义。但是，毛泽东在《在延安文艺座谈会上的讲话》中有关“文艺从属于政治”的理论，是不切实际的，因为这一理论简单地把文艺作品的思想内容定位评价该品的第一标准，把具有社会属性的人性完全归结为阶级性，这是片面的。

“文艺从属于政治”以及后来的“文艺为政治服务”的相关理论思想曾对新中国成立后文化事业的发展产生了不利的影响，例如在文化领域中的“以阶级斗争为纲”，对文化工作者和文艺作品发动的群众性批判，以及否定文化工作取得的成绩和“坚决进行一场文化战线上的社会主义大革命”等，都是导致十年动乱的主要诱因。

十一届三中全会以后，党的工作中心转移到经济建设上来，与此同时，在吸取新中国成立后文化工作“左”的教训之后，我党在文化建设上坚决抛弃“文艺从属于政治”“文艺为政治服务”的方针，而是提出了文艺“为人民服务，为社会主义服务”的正确理论。1980 年 1 月 16 日，邓小平在《目前的形势和任务》中指出：我们现在不继续提文艺从属于政治这样的口号，因为这个口号容易成为对文艺横加干涉的理论根据，长期的实践证明它对文艺的发展利少害多。但是，这当然不是说文艺可以脱离政治。文艺是不可能脱离政治的。任何进步的、革命的文艺工作者都不能不考虑作品的社会影响，不能不考虑人民的利益、国家的利益、党的利益。

实践证明，文化为社会主义服务的相关理论是正确的，是有利于文化建设的实践的，“二为”方向的正确调整，说明中国共产党对文化建设与政治之间的关系有了更深刻的认识，这不仅纠正了之前长期存在的文艺与政治之间所存在的不正确关系，也为新时期如何发展文化事业指明了方向。

（二）建设社会主义精神文明

1979 年 9 月，叶剑英同志在庆祝中华人民共和国成立 30 周年的大会上第一次提出“社会主义精神文明”这一重要概念，从那以后，建设社会主义精神文明就成为建设中国特色社会主义文化的重要内容之一。1980 年 12 月，邓小平在中央工作会议上提出“我们要建设的社会主义国家，不但要有高度的物质文明，而且要有高度的精神文明，所谓精神文明，不但是指教育、科学、文化（这是完全必要的），而且是指共产主义的思想、理想、信念、道德、纪律、革命的立场和原则，人与人的同志式关系，等等”。

1982 年党的十二大报告首次把“建设精神文明”定义为“是社会主义的重要特征，是社会主义制度优越性的重要表现”的战略高度，并指出“没有这种精神文明，就不可能建设社会主义”等相关理论。

1986 年 9 月，党的十二届六中全会上通过了《关于社会主义精神文明建设指导方针的决议》，这一决议对社会主义精神文明建设的根本任务作出了较为详细的阐释，即“适应社会主义现代化建设的需要，培育有理想、有道德、有文化、有纪律的社会主义公民，提高整个中华民族的思想道德素质和科学文化素质”。

1987 年 10 月，党的十三大提出了社会主义初级阶段基本路线这一重要概念，明确要把我国建设成一个富强、民主、文明的社会主义现代化国家，明确精神文明、经济富强以及政治民主都是我国现代化建设的重要战略目标。

有关建设社会主义精神文明的理论体现出以邓小平为代表的那一代中国共产党人，从改革开放的伟大实践中汲取的经验，对社会主义文化建设进行系统的思考和探索，通过阐述社会主义精神文明建设的目标、内容和途径，为中国特色社会主义文化事业的发展指明方向，为构建新时期国家文化发展战略的提供指导思想。

（三）“三个面向”的方针

1983 年 10 月 1 日，邓小平在访问北京景山学校时提出：“教育要面向现代化、面向世界、面向未来”，这一针对教育领域的“三个面向”，不仅对于我国教育事业的发展有重要的意义，对于新时期文化事业的发展也有深刻的指导意义。因此，党的十五大把“三个面向”相关理论定为社会主义初级阶段文化建设的总体战略方针。“三个面向”相关理论为新时期中国特色社会主义文化建设提供了新的视角，避免了以往文化建设过程中的形而上学思维和绝对化倾向。

党的十四大之后，社会主义市场经济目标确立，我国改革开放事业进入新的阶段。以江泽民为核心的中国共产党第三代领导集体，在立足于文化建设新形势的基础之上，坚持解放思想、实事求是，坚持与时俱进的思想路线，提出“建设中国特色社会主义文化”的目标，把文化事业的发展列入国家发展的战略之中，把文化实力作为国家综合国力的重要组成部分，提出了“中国共产党要始终代表中国先进文化的前进方向”在内的“三个代表”重要思想，这为我国在社会主义市场经济确立后的文化发展战略思想作出了进一步的阐述。

（四）文化是综合国力的重要标志

随着全球经济的发展和科学技术的不断进步，文化在人们的生活中占有越来越重要的地位，文化实力在一个国家综合国力中占的比重也越来越大。在当今社会，知识、文化、价值观念在国家实力中的地位日益突出，从某种程度上来说，一个国家的文化软实力可以对国家的经济实力和军事实力的发挥产生影响，如果一个国家的文化事业得到较好较快的发展，就能掌握先进的文化和科技，从而在复杂的国际社会中占有优势地位，在激烈的竞争中生存。

以江泽民为代表的第三代领导集体在把握全球政治经济新局势的基础上，在十五大报告中提出：“有中国特色社会主义的文化，是凝聚和激励全国各族人民的重要力量，是综合国力的重要标志。”这一理论揭示出文化建设在社会主义现代化建设中的重要地位，江泽民关于“文化是综合国力重要标志”相关理论的提出，是对邓小平文化建设战略地位思想的延伸，也是对文化建设作为社会主义现代化建设重要内容之一的重要阐述。

（五）建设中国特色社会主义纲领

江泽民在1991年7月1日的《在庆祝中国共产党成立七十周年大会上的讲话》中就提出了“中国特色社会主义文化”相关概念，同时并指出“有中国特色社会主义的经济、政治、文化是有机统一、不可分割的整体”。

1997年9月，在党的十五大报告中，江泽民正式提出了建设有中国特色社会主义的文化纲领，他认为，有中国特色的社会主义文化，就要同改革开放以来所倡导的社会主义精神文明相一致，文化相对于经济就是精神文明相对于物质文明，而建设有中国特色的社会主义，就是要在马克思主义的指导之下，以培育有理想、有道德、有文化、有纪律的公民为目标，发展面向现代化、面向世界、面向未来的，民族的科学的大众的社会主义文化。

有关于社会主义初级阶段文化建设的相关理论，不仅是对毛泽东关于文化同政治、经济关系基本理论的继承，也吸收了邓小平提出的建设社会主义精神文明的相关理论，不仅整合了毛泽东的有关“民族的、科学的、大众的文化”

的理论以及邓小平提出的“面向现代化、面向世界、面向未来”的思想，更为中国特色社会主义文化进行了内涵上的丰富，为我国文化的建设指明了道路。

（六）代表中国先进文化前进方向。

2001年，在庆祝中国共产党成立八十周年的大会上，江泽民指出“坚持什么样的文化方向，推动建设什么样的文化，是一个政党在思想上和精神上的一面旗帜”，中国共产党始终代表中国先进文化的前进方向，不仅党在文化建设中的重要地位，也显示出社会主义先进文化对于国家发展的历史作用，是中国特色社会主义文化建设的重要理论成果。

江泽民还提出，要把握先进文化的前进方向，更好地发展社会主义先进文化，就要弘扬主旋律，提倡多样化，要坚持用科学的理论来武装头脑，用正确的舆论来引导人，用高尚的精神来塑造人，用优秀的作品来鼓舞人，要大力支持健康的、有益的、文化的发展，努力改造落后的文化，坚决抵制腐朽文化。

改革开放之后，我国文化事业建设随着一代又一代人的努力不断进步，中国特色社会主义文化建设的理论也得到了不断的丰富。随着世界局势的变化，以及我国经济和外交形势的变化，我国文化的对外交流和传播活动也进入了新的发展阶段，尤其是在改革开放之后，我国文化交流活动开始进入新的繁荣发展时期，文化对外传播进程也加快了脚步。

从新中国成立到1991年之间，中国与多个国家和地区签订了133个政府间的文化合作协定，这其中，有91项协定都签订于改革开放之后。从1980年到1991年，中国在文化、艺术、教育、出版等领域同两百多个国家及地区签订了文化交流执行计划，文化对外交流和传播进入新的发展阶段。

在20世纪60年代之前，中国平均每年派出、接待的各国文化团体总数约两百起，人数在五六百人次左右。而在改革开放之后的十年里，经过中国文化部办理的国际文化交流项目就达到了七千多起，总人数达到了六万余人次，其中，共有八十多个中国文化代表团，他们访问了亚洲、非洲以及欧洲的很多国家，对中国文化的传播工作作出了巨大的贡献。进入21世纪之后，中国的综合国力不断增强，很多国家为了同中国建立良好的外交关系，纷纷派出文化代表团访问中国，加强同中国在文化上的交流。

冷战结束之后，尽管国际局势依然复杂，但总体上来说，世界进入了一个和平发展的阶段，这一时期，国家的文化软实力在国家的综合国力中占重要地位，在国际关系中所发挥的作用也日益突出。

改革开放之后，党和政府把发展和繁荣社会主义文化事业提升到了发展战略的高度，在很多方面都提供了政策的支持，得益于此，中国文化的对外交流和传播工作也得到了较快的发展，我国文化交流的规模扩大，内容和形式也更加丰富。在文化部和国务院新闻办等相关部门的统筹和协调之下，中国在世界范围内的许多国家和地区开展了不同规模的文化交流活动，让世界重新认识一个正在快速崛起的中国，也让更多的人了解到了中国博大精深的文化。不仅如此，一些大型文化活动的成功举办，在展示国家形象的同时，也有力地回击了某些西方国家对中国的反面宣传。

总体来说，在改革开放之后，我国文化对外传播事业逐渐发展成熟，并且已经具备了一定的规模，取得了一定的成就，在整个国际社会上，中国文化开始进入越来越多人的视野。但是，我们还应该清醒地认识到，和一些发达国家相比，我国的文化产业以及文化对外传播的发展依然处于劣势。

近年来，我党提出了“掀起社会主义文化建设新高潮”的重大部署，把提高国家文化软实力摆在了重要位置。随着我国国际地位的提高以及综合国力的增强，我国文化走出去战略也必将取得越来越多的成就，中国优秀文化的对外传播也必将进入新的发展阶段。

第三章 中国文化对外传播的经验

中国作为一个有着五千多年历史的大国，拥有着这个世界上唯一未曾中断的文明，中国文化经过几千年的发展，已经具备了深厚的底蕴，诞生了无数优秀的文明成果。除了历史悠久的文化，中国文化对外传播的历程也走过了几千年，从古代到近代再到现代，无论处于和平还是战争，繁荣还是衰落，中国文化对外传播的脚步从未停止。以史为鉴，可知兴替，总结文化对外传播的经验，不仅对于我国文化的进一步走向世界有重要的意义，还能给一些外国文明的外传提供借鉴，同时对我国文化事业的建设也有积极的推动作用。

第一节 中国文化的对外传播的经验总结

中国共产党领导中国人民建立了新中国，开辟了中国特色社会主义道路，领导全国人民进行着伟大的中国特色主义建设，在各个方面，党都发挥着总揽全局、协调各方的核心作用。同样的，在文化事业的发展方面，党也发挥着领导核心的作用。

一、坚持党和政府的领导作用

“三个代表”重要思想是江泽民于2000年2月25日在广东省考察工作时提出的，其中就包括“中国共产党始终代表中国先进文化的前进方向”的相关理论。文化实力是一个国家综合国力的重要组成部分，也是实现中华民族伟大复兴的关键内容，文化事业的发展关乎一个国家的在国际社会的地位以及影响力。

中国共产党始终坚持各项工作面向现代化、面向世界、面向未来的基本方针，始终带领人民进行精神文明建设，努力践行社会主义核心价值观，在文化领域，只有坚持党和政府的领导作用，才能坚定不移地走在建设中国特色社会主义文化的道路上，才能促进我国文化事业的不断发展，才能促进我国优秀文化的对外传播。

对于人任何一个国家来说，在发展经济的同时，还要注重发展政治、社会和生态文明，而在进行各类文明建设的同时，都要解决的一个问题就是如何推动文化的建设。自党的十八大以来，以习近平同志为核心的党中央，始终在文化事业建设领域开展新的实践活动，不断推出文化建设新成果，在党的领导下，我国文化事业已经取得了丰硕的成果，党对新时代文化的发展作出了巨大的贡献。

党和政府在文化建设和传播工作中的重要领导地位毋庸置疑，在习近平新时代中国特色社会主义思想的指导之下，党领导人民进行文化建设的经验主要有以下几点，如图 3—1 所示。

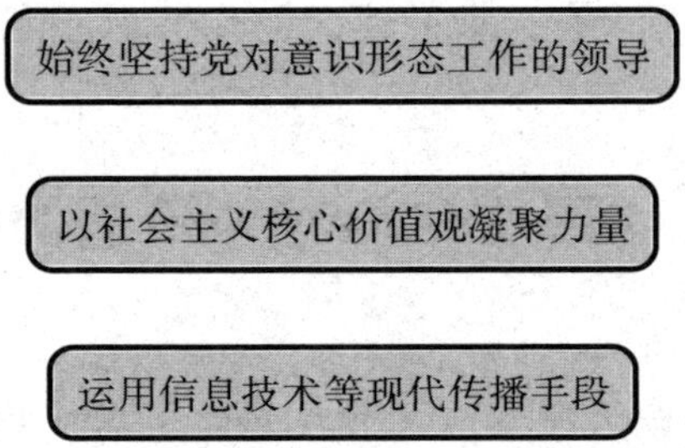

图 3—1　党领导人民进行文化建设的经验

第一，始终坚持党对意识形态工作的领导。意识形态涉及一个国家的道路、理论以及制度的选择，事关一个国家的未来发展，因此，掌握意识形态的领导权至关重要。当前，只有坚持习近平新时代中国特色社会主义思想，继续深化马克思主义理论研究和建设，才能建设体现中国特色、中国风格的社会科学话语体系，才能正确引导社会思潮，促进文化的发展。

第二，以社会主义核心价值观凝聚力量，构建共同的价值理念。文化建设是国家治理现代化的重要内容，核心价值体系和核心价值观的建设需要国家治理体系提供支持。因此，要积极利用各种手段，引领文化事业和市场，不断提升国民素质、发展文化产业、创建精神文明、对外传播优秀文化成果，把社会主义核心价值观融入社会发展的方方面面。

第三，运用信息技术等现代传播手段，不断汲取中国特色社会主义文化的精华，讲好中国故事，全面提升国家文化软实力。一个国家的文化软实力已经成为综合国力的重要组成部分，它关乎这一个国家的形象，以及整个民族的兴衰。近年来，随着我国科学技术的不断进步，运用现代传播媒介塑造我国形象的做法已经取得了不小的成就，我国一直积极在科技为载体的基础上，向世界传播独一无二的中国历史与中国文化，一个负责任的文明的东方大国形象已经在国际社会中广泛受到认可，中国特色社会主义文化得到了传播，拥有了强大的吸引力和感召力。

二、秉承科学、理性的态度

文化事业的发展虽然不同于经济的发展，但是又包含着市场经济的普遍规律，因此，发展文化产业、促进文化对外交流与传播，也离不开科学、理性的态度。

文化产业不仅包括市场经济的普遍规律，同时也有其自身独有的特殊规律。想要促进文化产业的快速发展，加快同外国之间的文化交流，机遇必须用科学的、理性的态度，遵循文化产业发展的客观规律，积极处理好市场和政府调节之间的关系，在发挥市场作用的基础之上，加强政府的引导，实现双管齐下；还要重视重视民营企业在促进文化产业发展之中的作用，因地制宜，与时俱进，采取恰当的措施推动文化产业发展。

用科学理性的态度促进文化事业的发展以及文化对外交流，需要做到以下几点，如图 3—2 所示。

（1）重视文化发展的规律

文化发展的进程总是带有一定的规律性的，文化的对外传播要以尊重文化发展的客观规律为前提。

文化的发展过程具有统一性，人类文明的发展总是不断从低级向高级发展的。任何一个文化系统，都要经历萌芽、产生、发展甚至衰亡的历史过程，无论文化系统的表现形式如何，所有文化系统的发展历程都存在相似之处，整个人类文明也有在互相交流中逐渐融合的趋势。

文化的发展具有多样性，多样性是整个人类文明的基本特征，这个世界上

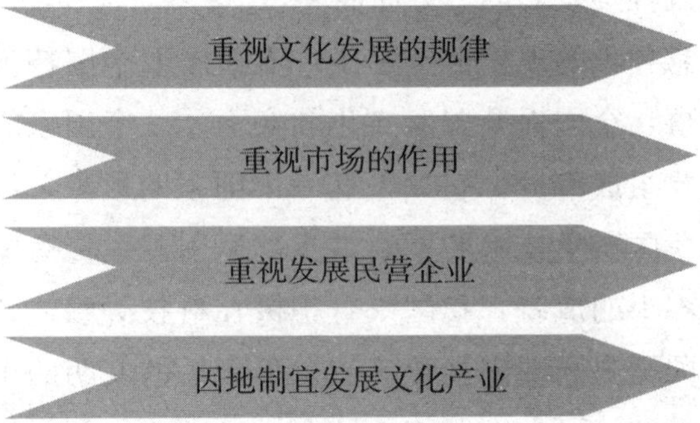

图 3—2 用科学理性的态度促进文化产业发展

的所有文明都是在一定的自然和历史条件下产生的，因此都各有其特点及发展轨迹。文化的传播和交流会使不同文化产生交集和融合，但是这并不意味着不同民族文化的独特性会消失，所有文明都是在保持独特性的基础上相互融合。

文化的发展是统一性和多样性的统一。文化既存在统一性，又存在多样性，在发展文化的时候，既要尊重文化的多样性，积极发展好本民族的独特文化，又要加强同外国优秀文化之间的交流，取长补短，吸收外来优秀文明成果，更好地促进本民族文化的发展。

（二）重视市场的作用

发展文化事业，要积极利用市场这只“无形的手”，同时要加强政府的引导。党在十七届六中全会上作出《中共中央关于深化文化体制改革推动社会主义文化大发展大繁荣若干重大问题的决定》，该决定指出，文化是需要进行创新的一大领域，因此要积极发挥市场在资源配置中的作用，更加注重发挥市场经济这只“无形的手”的作用，同时加强政府的宏观指导，让市场和政府发挥好各自的作用，形成合力。

（三）重视发展民营企业

促进优秀中国文化“走出去”，是大力发展文化产业的重要归宿之一，这也是提高中国的国际地位，增强中国的国际影响力的重要途径，更是开拓中国文化发展空间的必然要求，是检验中国文化产业在国际市场上的竞争力的标准。大量实践证明，只有积极发挥民营企业的作用，调动民营企业和其他民间力量的积极性，才能让中国文化更好地走出去，通过市场机制、推进改革、重构文化交流体制机制，才能更好地促进文化的对外传播。

（四）因地制宜发展文化产业

相比于西方发达国家文化产业的发展状况，我国文化产业的发展还存在着一些不足，仍有较大的发展空间。不仅如此，受到地理国情的影响，我国文化发展具有不平衡性，例如东部地区、中部地区和西部地区之间存在文化产业发展不平衡的特点，不同地区文化产业发展的途径和特色也各不相同。因此，发展文化产业要因地制宜，根据不同地区的具体情况，制定相应的文化发展战略。

三、推进文化对外传播的产业化和市场化

推动文化对外传播的产业化和市场化是促进中国文化走出去的一个重要途径。以西方文化的传播进程为例，西方文化的传入是从器物到科学技术，再从科学技术到思想文化，这一过程早在明朝时期就开始了，当时，来自意大利的传教士利玛窦就把鸣钟、西洋琴等器物送给当时的统治者，从而获得了在中国传教的机会。

这种通过传播器物的方式也给今天的文化传播带来了一定的启示。通过产业化和市场化的方式，把中国的传统文化承载于一定的载体，通过这样的方式，文化内涵、思维观念以及审美情趣也可以通过一定的文化产品传播出去。

中国故宫文化产品的推广就是文化产业化和市场化的成功范例。故宫博物院把市场营销同故宫的文化特色相融合，推出了大量文化创意产品，不但受到了本国消费者的喜爱，也受到了很多对中国文化感兴趣的外国消费者的青睐。这种文化产业化和市场化的方式成功地普及了故宫文化，促进了中国文化的对外传播。

因此，要大力发掘中国传统文化的商业价值，在尊重市场规律的基础之上，把文化特色同市场营销相结合，不断推出带有鲜明文化特色的产品，积极对外输出包含中国文化的载体，借助市场和科技的力量，让更多的受众感受到中华文化的魅力。

四、树立文化自信，坚持文化自觉

2016 年 7 月 1 日，习近平总书记在庆祝中国共产党成立 95 周年大会上指

出："文化自信，是更基础、更广泛、更深厚的自信。在5000多年文明发展中孕育的中华优秀传统文化，在党和人民伟大斗争中孕育的革命文化和社会主义先进文化，积淀着中华民族最深层的精神追求，代表着中华民族独特的精神标识。"

中国有着五千多年的历史文明，优秀的文化一直都是每一个中华儿女内心深处的力量来源。文化自信，一直都是中国共产党和整个中华民族的强大精神动力，坚持文化自信也是以习近平同志为核心的党中央根据当前中国所处的历史背景而提出的重大时代命题，更是实现中华民族伟大复兴中国梦的必然要求。

树立文化自信，就一定要增强文化自觉。树立文化自信，坚持文化自觉有深远的意义，如图3—3所示。

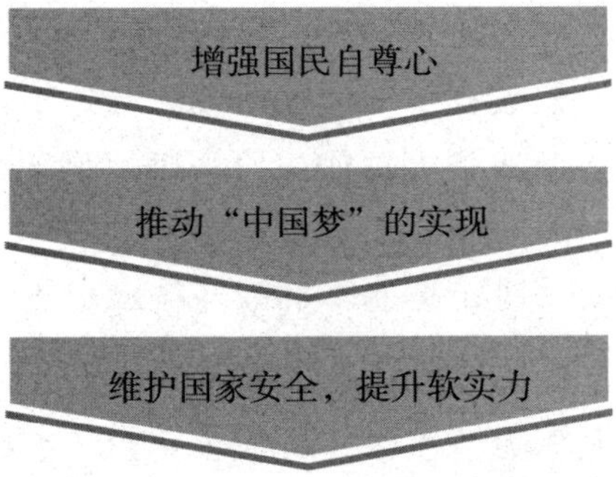

图3—3　树立文化自信的意义

（一）增强国民自尊心

中华民族历来都是勤劳勇敢、充满智慧的民族，有着极强的创造力，纵观整个中国历史，中华民族曾经创造出务必灿烂辉煌的文明，对整个世界都产生了重要的影响，博大精深、源远流长的文化也为生生不息的中华民族提供了强大的精神力量，而每一个中国人也对自己的文化有着强烈的尊敬和热爱。

但是，在中国的近代时期，随着帝国主义的不断入侵以及封建统治的腐朽和衰落，中国开始落后于世界潮流，陷入民族危亡之际。于是，无数先辈为了挽救民族危亡，开始走上救亡图存的道路。洋务派的"师夷长技以制夷"让中国人意识到了和西方国家在技术上的巨大差距，民族资产阶级维新派和革命派让中国人意识到封建制度的落后性，在西方先进文化的影响下，新文化运动让中国人意识到了"革新文化、改造国民性"的重要性。

近代以来从“技不如人”到“制不如人”再到“思想文化不如人”的事实不可避免地让国民产生了一种民族自卑的心理，即便是到了今天，尽管中国的实力和国际地位已经得到了较大的提升，但这种民族自卑心理仍然在一定程度上残存。马克思曾在《路易·波拿巴的雾月十八日》中写道：“一切已死的先辈们的传统，像梦魇一样纠缠着活人的头脑。”的确，近代的落后和屈辱所带来的民族文化自卑心理会对当今文化的发展产生阻力。

自改革开放以来，中国特色社会主义建设已经取得了巨大的成就，中国也已经进入了新的时代，中国人民已经实现了从站起来、富起来到强起来的伟大飞跃。在这样的背景之下，消除文化自卑，树立文化自信是必然要求。习近平总书记曾强调：“我们说要坚定中国特色社会主义道路自信、理论自信、制度自信，说到底是要坚定文化自信。文化自信是更基本、更深沉、更持久的力量。历史和现实都表明，一个抛弃了或者背叛了自己历史文化的民族，不仅不可能发展起来，而且很可能上演一场历史悲剧。”

因此，树立文化自信对驱散近代百余年来笼罩在中国社会的民族文化自卑心理有重要的意义。

（二）推动“中国梦”的实现

树立文化自信具有鲜明的时代特色，是为了实现中华民族伟大复兴中国梦而作出的重要战略考量。

当前，国际局势愈发复杂，世界正处于一个大发展、大变革的重要时期，各种思想文化不断碰撞，经济全球化、世界多极化、文化多样化的程度不断加深，各国之间综合国力的竞争也不断加剧。

为了实现中华民族伟大复兴的中国梦，就必须坚定文化自信，促进社会主义文化的繁荣发展，这是新时代下我国社会矛盾转化之后的需要。为了妥善解决发展不平衡、不充分的问题以及满足人民日益增长的对美好生活的向往，就必须树立文化自信，进行促进文化的繁荣发展。

随着改革开放程度的不断加深，人们对美好生活的需求不仅局限于物质层面，更多体现在对精神层面的追求，在价值观多样化的影响之下，一些腐朽文化，例如西方享乐主义和拜金主义开始在一定范围内传播，道德失范、精神失衡以及审美畸形现象出现，人们对美好精神文化生活的向往更加地强烈。

习近平总书记曾强调：“实现中国梦，是物质文明和精神文明比翼双飞的发展程”“满足人民过上美好生活的新期待，必须提供丰富的精神食粮”，并号召文艺工作者要“为人民抒写、为人民抒情、为人民抒怀”“坚持以人民为中心的创作导向”这都体现出了党和政府对人民日益增长的美好生活需要的关心，也表达出“树立文化自信”的价值导向。

（三）维护国家安全，提升软实力

当前，一些西方发达资本主义以“西方文化中心论”为原则，对外界大力输出文化，进行过度的文化渗透，在国际社会推行其所谓的普世价值，这其实文化霸权主义的一种表现，其根本目的是抢夺国际话语权。

在这种背景之下，习近平总书记提出的有关坚定文化自信的理论就显得更加重要。的确，文化的发展关乎整个国家的兴衰，文化是一个民族的灵魂，没有强大的文化自信，就不会有文化的繁荣兴盛，中华民族伟大复兴就不能实现。

因此，为了维护国家的文化安全，增强国家的文化软实力，就必须树立坚定的文化自信，坚持中国特色社会主义文化发展道路，充分激发整个民族的文化创造力，努力朝着建设社会主义文化强国前进。

在新时代背景之下，树立文化自信，就要有高度的文化自觉，就要始终以马克思主义为指导，在继承和发扬优秀传统文化的基础上，根植于社会主义的伟大实践，丰富中国文化的内涵，吸取外来文明的优秀成果，推动中国文化走向全世界。树立文化自信，要做到以下几点，如图 3—4 所示。

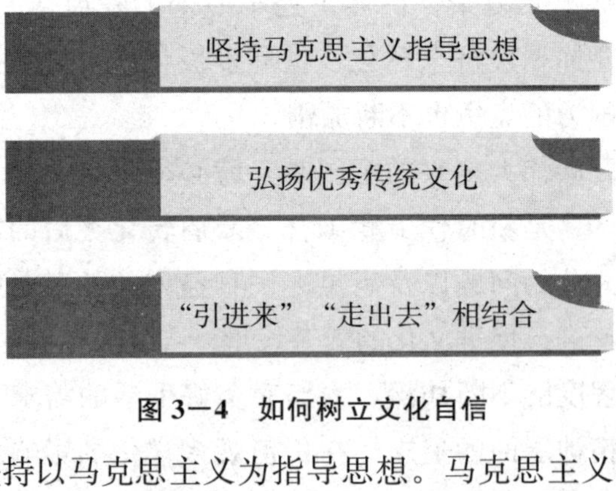

图 3—4　如何树立文化自信

第一，始终坚持以马克思主义为指导思想。马克思主义指导思想是社会主义意识形态的灵魂，如果背离这一思想，文化自信就无从谈起。大力弘扬中华优秀传统文化并不意味着放弃马克思主义这个立国的根本思想，更不意味着弱化社会主义，而是要在马克思主义的指导下，对中国传统文化进行批判和继承，利用马克思主义科学的世界观和方法论，来对传统文化进行去粗取精，去伪存真。

第二，大力弘扬中华优秀传统文化。中国作为一个历史悠久的国家，有着璀璨深厚的文明，欲人勿疑，必先自信，发扬中华优秀传统文化、革命文化以及社会主义先进文化，就是发扬伟大的奋斗精神、创在精神和团结精神，而这些精神都是维系中华民族生存和发展的精神纽带。五千多年的文明博大精深，它源源不断地为中华民族提供丰富的思想资源，更是树立文化自信的坚强基石。

第三，坚持“引进来”与“走出去”相结合。“各美其美，美人之美，美美与共，天下大同”，的确，文化自信绝不是唯我独尊式的“文明优越”，更不是守旧主义和封闭主义，相反，树立文化自信就要坚持“洋为中用”的原则，不断吸收外来文化优秀的文明成果，坚持以我为主、为我所用，用开放包容的心态汲取世界文明的有益成果，加强与外来文明之间的交流，增强中华文化的国际影响力。

五、增强国家经济实力

增强国家的经济实力对于促进文化的对外传播有积极的意义。经济基础决定上层建筑，没有良好的经济实力为基础，文化的对外传播就无从谈起，例如近代时期的中国，在闭关锁国政策的影响下，中国的实力远远落后于西方强国，在鸦片战争之后，帝国主义侵略者对中国进行瓜分的同时，也输出了其先进的科学技术和思想文化，而当时国力孱弱的中国基本没有对外传播本国文化的能力。

经济对文化有着深刻的作用，经济增长是促进文化传播事业发展的重要原因之一。

文化是人们所创造的精神财富和物质财富的总和，是一个社会繁荣的象征。当今社会，国与国之间的竞争就是以经济实力为主要内容的综合国力的竞争，而文化软实力也逐渐成为国力竞争的重点，文化事业以及文化传播事业的发展受到越来越多的重视。

所以，为了促进中国文化的对外传播，就应该积极提高自主创新能力，加快转变经济发展方式，加大创新投入，推动文化产业结构化升级，增强经济的可持续发展能力。只有把经济上发展好，才能为文化事业的发展打好根基，才能从根本上推动文化对外传播事业的快速发展。

除此之外，还要增加财政资金对文化发展和对外传播事业的扶持力度。国家的宏观调控对于文化事业的发展也具有重要的指导作用，当前，我国对于文化对外传播事业的资金投入正逐渐增加，但总体来说，我国对文化对外传播事业的引导和支持体系还不够完善，因此，根据国家文化发展现状，增强政府对文化传播事业的财政支持，提高我国人民的文化生活水平是很有必要的。

文化的发展和传播离不开一定经济基础的支持，在促进中国文化走出去的同时，不能忽略了大力发展经济的重要性，而是要抓住科技革命的机遇，提高创新能力，促进文化传播产业化和市场化，提升我国在经济和文化两个领域的综合实力。

第二节　发达国家文化的对外传播的经验借鉴

一个国家文化的发展和对外传播往往还要依靠这个国家的综合国力，综合国力较强的国家往往在文化对外传播方面有一定的优势，在其制定的文化策略上，中国也可以从中吸取一些有益的经验。

一、文化基础系统化

发达国家不仅在经济和科技领域领先于世界，在文化传播方面也有一定的优势，从世界范围来看，很多发达国家都根据当前的国际形势，制定出各自的文化发展战略，积极推动本国文化的输出。

发达国家文化对外传播虽然各有其特点，但从某种程度上来说，对我国的文化对外传播有一定的借鉴意义，接下来本文将以几个发达国家为例，探讨其文化对外传播的策略，如图 3－5 所示。

（一）美国

美国不仅是当今世界的经济强国，同时也是一个文化强国，而且，作为一

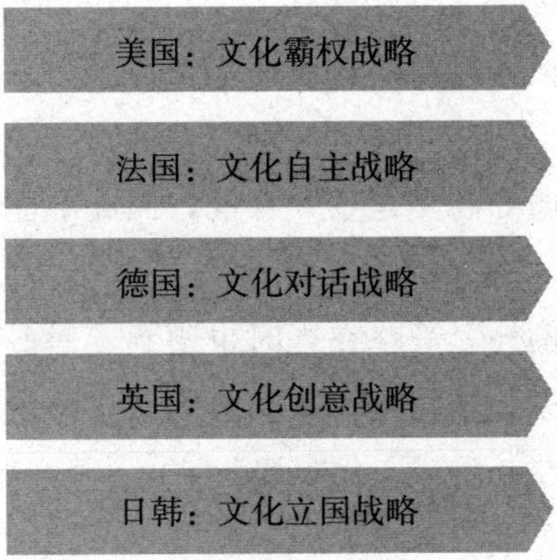

图 3－5　发达国家文化对外输出策略

个奉行文化输出战略的国家，美国一直企图通过文化输出和文化渗透来巩固其霸权地位，美国文化输出战略主要有三个明显的特征：

第一，通过输出其生活方式来促进文化的传播。现在，好莱坞大片、美国食品、美国服装品牌等在生活中随处可见，这其实就是美国文化输出战略中“先输出生活方式，再输出美国价值”的体现。这种“美式生活”方式的输出，无形中促进了美国价值观念的输出，是其“文化输出”战略核心。

第二，通过增强社会科学理论领域的议题设置能力来促进文化的传播。美国一直注重利用各种社会科学领域的精英，精心炮制各种社会科学领域的新话题，以此来展示其强大的议题设置能力，而这也是其加强文化输出的一大表现。在某些场合，尽管有的人可能对美国人提出的理论有不同意见，但不可避免地会用该理论进行自我审视。

第三，通过加强文化基础设施的生产力度来推动文化的对外传播。思想观念和价值观念的输出往往要依托一定的载体，要借助一定的基础设施，例如社交网站、出版制品等，而这些媒介和载体就是文化传播的重要渠道。

（二）法国

法国在文化对外传播方面奉行自主战略，这主要受到美国文化扩张的影响。美国的文化霸权主义曾对法国造成了一定的冲击，引发了其文化危机，而为了对抗美国的文化霸权，法国采取从“文化例外”到“文化多样性”的自主发展策略，以此来对抗美国的文化霸权。

1994年，在摩洛哥举行的世贸组织关贸总协定谈判期间，某些国家极力推崇把商品贸易的自由交换原则推广到视听服务领域，也就是影视领域，法国就对此提出反对，并提出了“文化例外”原则，法国相关人士表示：文化是一种特殊形式的产品，和普通的商品是不一样的，因此不能适用一般商品自由流通的原则。

法国推行的“文化例外”策略在当时也遭到了一些国家的误解，有些人甚至认为这是一种文化孤立和文化封闭政策，因此，法国随后也将这种理念重新表述为“尊重文化多样性，反对文化霸权”。

（三）德国

德国在文化对外政策上推行文化对话战略。德国在促进世界文化多样性方面倡导“跨文化对话”，因此，文化对话战略是德国文化对外战略的鲜明特色。在德国统一之前，为了促进东德和西德的文化统一，文化对话方式一直受到大部分德国人的推崇，当时，德国倡导东西两德尊重彼此之间的文化差异，用对话的方式增进东西德之间的在文化方面的联系。

“二战”时期，德国纳粹法西斯主义曾对全世界造成了巨大的伤害，对很多国家的文化也造成了打击，因此，德国文化和德国在国际社会的形象一度受到排斥。“二战”结束之后，德国迫切想摆脱国际社会对德国形象的负面认知，在深刻反思的基础上，积极通过文化对话的方式，增强德国同世界各国之间文化的交流，努力提升德国文化的地位，逐渐消除人们对“纳粹德国”的负面印象，逐渐地，文化对话战略成为德国文化对外战略的核心。

（四）英国

英国在文化发展和对外传播方面的主要战略是文化创意战略，英国一向重视文化创新，在20世纪90年代，英国政府就积极实施文化创新战略，逐渐建立起一个具有创新意识的、充满朝气的文化大国形象，摆脱了人们对英国刻板、传统的印象。

英国所实施的文化创意战略以提升整个民族的文化创造力为核心，积极依靠市场的作用来促进国家的文化创造力，逐渐在世界范围内塑造了一个“创意英国”的形象，也给世界带来了大量富有文化创意的作品，例如《哈利·波特》《星际大战》《2010太空漫游》等，都是享誉世界的经典，由此可见，英国文化创意战略方面已经取得了非凡的成就，英国也逐渐成为仅次于美国的第二大创意产品生产国。

（五）日韩

日本和韩国在文化方面采取的文化立国战略，近年来，韩流文化和日本文化对我国文化市场的冲击是比较明显的，“哈日”“哈韩”等文化现象无处不在，听韩文歌、追韩国明星、看韩国电影是当下不少年轻人的娱乐方式，而一些韩流组合例如防弹少年团、EXO、BLACKPINK 等更是风靡全球，在世界范围内拥有大量的粉丝群体，这其实就充分体现出日本和韩国的文化立国战略。

随着“韩流文化”和日本文化的输出，两国政府对本国文化产业的发展也提供了大力的支持，让文化产业走出去、扩大文化产业在国际市场的影响力已经上升到国家战略的高度。

“二战”的战败让日本走上了科技立国的道路，日本政府也大力推动科技领域的创新来振兴本国的经济。后来，日本的经济得到了较快的发展，但在文化方面依然有不足之处，为了改变国际社会对于日本“经济动物”的刻板印象，转变国际社会对日本是“经济动物”的偏见，提出了“文化立国”的战略。

20 世纪 90 年代，韩国也确立了文化立国的战略，1977 年，亚洲金融危机爆发，为了应对这一危机，韩国政府积极调整产业结构，同时也把文化产业确立为国家的支柱产业，随后还设立文化产业基金，以此来大力促进文化的发展和对外传播。

日韩两国在实施文化立国战略之后，其文化输出也取得了不小的成就，影视、动漫、网络游戏等娱乐产业走出国门，传播到整个世界，这也一定程度上增强了日韩两国文化在世界范围内的影响力。

从上述几个发达国家的文化战略可以看出，任何一个国家文化战略的制定都要从本国的实际国情以及外部环境出发，除此之外，文化战略的制定还要从长远的角度来考量，要对文化的发展有具体的把握，然后再制定合理的战略，进行合理的布局。

除此之外，从这几个发达国家的文化战略还可以看出其各自的独特之处，也就是说，文化战略的制定要考虑到本国的文化需求，要符合本国人民对文化生活的向往，还要满足国家的文化传统和价值观念，这些要素其实也是造成不同国家有不同文化战略的主要原因之一。

总而言之，我国在制定文化战略以及推动中国文化走出去时，应当从发达国家的文化战略中汲取一些有益的经验，但是，也要从本国的实际情况出发，决不能照搬他国，人生要立足于本国的文化需求，制定出合理的文化对外发展战略。

从以上几个发达国家的文化战略可以总结出三点值得借鉴的经验，如图3—6所示。

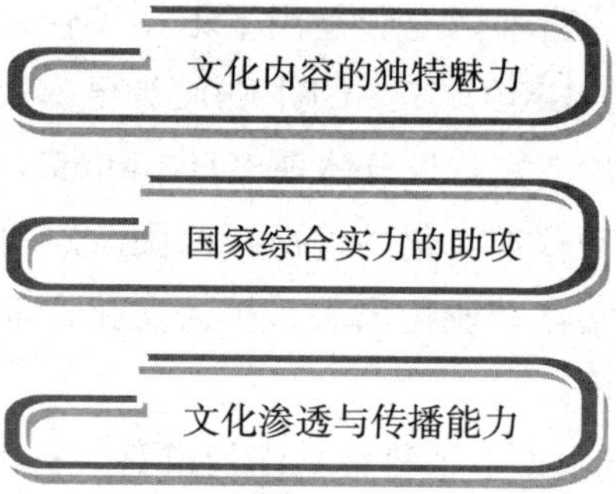

图3—6　发达国家的文化战略值得借鉴之处

（一）文化内容的独特魅力

以英国为例，英国所实施的文化创意战略离不开其本国自身的文化土壤，英国作为曾经的日不落帝国，同样有着深厚的文化底蕴，在文学、艺术、科技等领域曾为整个世界带来令人惊叹的成就。

西方的自由主义自古希腊城邦时期就开始发展，到了16世纪，英国资产阶级反对封建专制以及教会的权威，继续发展自由主义学说，由于英国独特的历史进程，自由主义文化观念在整个英国得到传播，在后来的进一步的反封建斗争中，英国人的“自由传统”得到强化。

随着英国经济的发展，文化创意产业也取得了很大的成就，1997年，布莱尔上台成为英国首相，随后他开始着手成立“创意产业专责小组”，推进文化在经济中的贡献，从此，国民的创新能力成为推动英国经济发展的主动力。

布莱尔指出，英国的优秀艺术文化促进了一个积极的、有活力的英国形象的建立，正如同奥斯卡奖得主英国演员海伦·米伦所主演的《女王》风靡全球一样，英国历史悠久的戏剧、音乐、绘画、文学、建筑等各种艺术形态都在焕发新的生机，为英国带来巨大的经济效益。

中国作为有着五千年历史的文明大国，其文化底蕴无疑是十分深厚的，在全球化背景之下，文化已经成为各国外交的一种重要形式，而如何依托深厚的文明土壤，用创意推动中国传统文化焕发新的生机成为当下促进文化对外传播的新命题。

（二）国家综合实力的助攻

文化的对外传播离不开经济实力的支持，任何国家想要推动本国文化走出去，都要先以雄厚的综合实力为基础，为文化的传播打通道路。和“弱国无外交”这个真理一样，一个综合实力弱的国家也几乎没有能力和精力去推动其文化的发展和传播，也就是说，文化事业必然要以国家综合实力的助攻。

美国作为经济大国，其雄厚的经济实力一直都是促进其文化产业发展以及文化对外传播的坚强后盾，从传播“美国生活方式”到传播美国思维观念价值观念，每一步都要以综合国力为基石，在复杂的国际社会中，实力强大的国家拥有最多的话语权，同时也在文化交流中处于最有利的地位。

美国在积极发展经济的基础上，对文化采取大力扶持的政策，这种文化扶持政策具体表现为：资源供给、需求匹配以及导向管理。美国的文化扶持政策，从本质上来说，其实是一种依托雄厚的经济实力而进行的一种竞争性保护，是在保护性的框架之下，引入市场竞争，从而促进整个文化产业的繁荣。

美国政府通过聚集社会资金，对资金进行文化产业方向的精准导入，以及财政引导、费用减免等方式，逐渐形成了一个文化产业扶持体系，以经济实力为基础，以政府干预模式为主导，在竞争性保护的大前提之下，促进了文化产业方面的“市场与政府的双重优势”，在这种模式之下，美国的文化领域得到了较快的发展，美国文化输出的脚步也在不断加快。

美国的经济扶持文化的发展模式对我国的文化战略的制定和文化事业的发展也有一定的借鉴意义。我国在推动文化对外传播的过程中，要积极进行文化产业结构的优化，促进文化产业化和市场化的发展，以大力发展经济，提高我国的综合实力为前提，逐步增强我国优秀文化在国际社会上的影响力。

（三）文化渗透与传播能力

文化的渗透与传播，从某种程度上来说，其实是不同文明之间的竞争，在这个过程中，优胜劣汰，影响力更大的文明往往会渗透影响力相对较小的文明，不同的文明就在这种碰撞之中交流和融合。

以韩国文化为例，韩国所实施的文化立国战略一直都是促进韩流文化对外传播的重要战略。近十几年来，韩流作为一种新的时尚，正承载着韩国文化内涵席卷整个世界。韩流文化背后所蕴藏的是韩国的价值观念和思维方式，韩流文化的传播其实就是整个韩国民族文化的传播，对世界范围很多国家的受众都产生了深刻的影响。

影视文化是韩国文化渗透与传播的重要方式，尤其是大量韩剧在中国的热播，让很多中国人了解到了韩国民族的民族心理、生活习惯、价值观念以及思维方式。不仅如此，韩剧的热播甚至一度对本土影视造成了一定的冲击，但也同时给处在全球化背景下我国文化的对外传播带来一定的启迪。

自 1992 年中韩建交以来，我国同韩国加强了经济和文化上的交往。1993 年，我国第一次引进了韩剧《嫉妒》；1997 年，中央电视台播出韩剧《爱情是什么》；随后，中央电视台及各地方台又相继引进了大量韩剧，例如《大长今》《人鱼小姐》《蓝色生死恋》《巴黎恋人》《浪漫满屋》等，都引起了较好的反响。

除影视作品之外，韩国流行音乐和韩流明星也开始进入很多年轻人的视野，尤其是近几年来，韩国组合 EXO、BLACKPINK 等更是在中国收获了大量的粉丝，韩国的选秀节目等各类综艺也受到了很多中国观众的喜爱。通过大量媒体的宣传报道，韩流文化开始进入越来越多人的视野，成为公众尤其是年青一代的关注对象。

由此可见，这种通过娱乐文化进行文化渗透和传播的方式，对于一个国家文化的“走出去”是十分有效的，我国也可以在这方面积极借鉴韩国的经验，积极打造优秀的影视剧，培养自己的优质偶像组合，通过积极输出本国娱乐文化的方式，传递中国的价值观念和思想文化，努力进军国外文化商品市场，促进本国文化产品出口。

二、传播主体广泛化

文化的传播主体从来都不是单一的，国家的文化机构、民间文化组织、文娱领域的个体以及生活中的人都可以在一定程度上成为中国文化的传播主体。实现传播主体的广泛化其实也是促进文化对外传播的关键之一。

从美国、英国、日本等发达国家文化对外传播的战略可以发现，其文化传播的主体都是多元化的，整个文化事业的发展是由多个主体构成的比较成熟的系统。无论是美国的文化扩张战略、英国的文化创意战略，还是法国的文化自主战略、日韩的文化立国战略，在文化对外输出这方面，基本已经形成了政府、市场、民间组织、文娱领域从业者之间的合力，也正是在这种合力的作用之下，这些发达国家的文化传播，甚至文化渗透的步伐正在不断加快。

尽管在文化战略的制定方面不能照搬其他国家的模式，但是，我们依然可以从发达国家文化传播的模式中汲取一些有益的经验，例如在文化传播主体方面，当前，我国文化对外传播的主体主要还是相关的文化部门和文化机构，虽然民间文化组织的对外交流活动也在不断增加，但总体来说其参与度还不够高。

此外，参考日韩文化输出模式，我国在利用文娱领域的力量进行文化传播的力度还不够大，尤其是中国的影视的音乐等相比于韩国、美国等国家，对外输出的力度还比较小，在世界范围内的受众较少。

我国作为一个文化大国，在建设文化强国的方面还有很长的路要走。我国绝不缺少优秀的文化底蕴作为文化发展和文化创新的土壤，只有积极扩大传播主体的范围，才能更好地让优秀文化走出国门，扩大中国文化的影响力。

三、传播载体多元化

文化作为人类物质财富和精神财富的总和，其传播需要依靠一定的载体。文化传播载体并不是单一的，纵观中国历史，文化传播的载体也经过了一个漫长的发展过程，随着文明的进步特别是科学技术的发展，文化传播载体也朝着多元化方向迈进。

（一）语言载体

在科技相对落后的古代，文化的传播无论是对内还是对外，都主要依靠人和文字，也就是说，人和汉字是古代中国文化对外传播的主要载体。

汉字是中华文化最重要的载体，是承载和记录中国文化的符号，是中国文化存在和发展的基础，每个汉字都有自己的演变历史。从古至今，中国人在思想文化上的成就被记录在了无数本经典著作中，最具代表性的儒家文化也随着“四书五经”的流传，发展成了中国文化的核心，并成为中国文化在世界文明中的重要标志之一。

从发达国家文化传播战略来看，语言也是非常重要的文化载体，在文化的对外输出方面起着至关重要的作用，例如英语已经成为大部分中国人的第二语言，中国教育也早已把英语教学纳入了整个教学体系之中，这不仅体现出英语作为国际社会通用语言的重要性，其实还体现出以英语为官方语言的国家在文化输出方面的优势。

好莱坞大片、英文歌、英文著作已经进入了很多当代中国人的生活，这其实也给中国文化的对外传播提供了一个有益的启示：想要传播文化，必先传播语言，汉字作为中华文化的重要载体应当作为文化输出的重点内容，让世界上更多的人认识汉字、学习汉语，从而了解中国博大精深的文化。

（二）产业载体

产业载体，即支撑一个产业生存和发展的一系列物质条件和文化条件，它是促进产业经济发展的基本前提。从文化对外传播的角度来说，促进文化传播产业化是促进文化走出去的重要途径，积极发展文化产业也是很多发达国家加强文化对外输出的手段。

以美国为例，成为经济强国之后，美国的文化产业化发展也逐渐加快了脚步。报纸产业、杂志产业、图书出版产业、广播电视产业、电影产业、唱片产业、广告产业等都取得了较快的发展，这些产业的发展实际上就为美国文化对外输出提供了各种载体。在日常生活中，“美国文化产品”无处不在，美国大片、美式餐厅、美国品牌服饰、美国汽车等，正是这些已经和当代人生活融为一体的“衣、食、住、行”，潜移默化地输出着美国的文化。

由此可见，产业载体也是文化对外传播载体的重要组成部分，因此，即推进中国文化传播的产业化和市场化对于促进中华文化走出去有深刻的意义，值得引起重视。

（三）其他载体

除了语言载体和产业载体，文化对外传播的载体还有很多，特别是随着科技革命的不断推进，信息技术的发展给文化的传播提供了更多的载体，特别是各种社交网站的兴起，让整个世界变成“地球村”，人们通过网络就可以了解到世界各地的文化，互联网成为当今世界最重要的文化载体之一。

值得注意的是，在利用信息技术进行文化对外传播的同时，还要注重积极维护国家的网络信息安全，在文化交流的过程中进行必要的自我保护，对于那些外来的腐朽、落后的文化，应当坚决抵制。

四、传播形式多样化

从发达国家所制定的文化战略可以看出，对外传播文化的形式可以是多样化的，而非单一的。从古至今，文化的传播形式先后经历了人口迁移、友好往来、经商贸易、宗教传播、战争与扩张等诸多方式，到了现代化的今天，依托科学技术的进步，一个国家文化对外传播的方式也有了更多的形式。

中国优秀的传统文化一直都是中华民族屹立于世界的强大软实力，在当今文明交流互鉴的背景之下，积极推动优秀文化走出国门已经成为一项紧迫的战略课题。为了推动中国文化走出去，拓宽文化对外传播形式是一个不可绕开的话题，随着信息技术的不断进步，新媒体与新平台开始成为信息传播的主力之一。因此，在文化对外传播方面，积极利用新媒体和新平台是不断扩大中国文化对外传播的覆盖面以及增强影响力的重要途径。

如今，互联网已经成为信息传播的重要渠道，中国文化的传播离不开传播技术手段的升级以及海外传播的平台的拓展。根据《中国国家形象全球调查报告》显示，超过半数的海外受众更希望能通过新媒体了解中国文化。尤其是对于年青一代群体来说，从互联网、手机的新型社交媒体来获取有关中国文化的信息是最有效的渠道。

因此，积极发挥大众社交媒体平台的作用，拓宽中国文化在海外传播的覆盖面，是当下传播中国文化的有利方式。除此之外，积极依托网络通信技术，搭建国际合作平台，也是拓宽文化传播形式，推动中华优秀传统文化走向国际社会的方式。

第 89 届奥斯卡颁奖典礼上，电影《爱乐之城》一共收获了 6 项大奖，值得一提的是，这部电影是由湖南电广传媒影业与美国狮门影业共同出品的，《爱乐之城》的大获成功，改变了中国出品方在奥斯卡奖项上的空白，而这其实就体现出了中国文化产品影响力的增强。通过搭建国际合作平台，把更多带有中国元素的文化产品投放在一些中外合作的新媒体平台，从而让中国文化走进更多人的视野。

文化的传播形式是多元化的，它不是简单的单向灌输，而是互动式的双向交流。随着科技的进一步发展，文化对外传播的方式必然还会越来越丰富，而中国也应当与时俱进，把握好时代潮，拓宽文化传播的渠道。

在各种文明相互学习、相互交融的过程中，中国文化走向更大世界舞台的时刻已经到来，中国文化的独特魅力和神韵，必将会给世界增添色彩，而我们也要用更积极的手段维护好、传播好中国文化，给世界讲好中国故事。

第四章
中国文化对外传播的思路

文化的对外传播要讲究一定的策略，要有一定的传播思路。中国有着深厚的文化底蕴，如何让优秀的中国文化走出去是几代中国人不懈探索的话题，纵观中国历史，既有唐宋的文化繁荣时期，也有近现代的衰败时期，但中国文化以强大的生命力延续了下来，中华文明从未中断，中国文化对外传播的脚步也不会停止。

第一节　中国文化对外传播的基本原则

文化对外出传播要讲究一定的原则，根据中国文化的发展历史和基本特征，以及中国的实际国情和国际社会等外部环境，中国文化对外传播要遵循五大基本原则，如图 4—1 所示。

图 4—1　中国文化对外传播的基本原则

一、民族性与世界性原则

鲁迅先生曾经说过："越是民族的，越是世界的"，不同的文明有各自的发展史，也受到所处的地理环境的影响，所以任何文化都是带有一定民族特色的，而经过一段时间的发展以及同外来文化的交流与融合之后，文化又会带有一定的世界性色彩。因此，在对外传播中国文化的过程中，也要坚持民族性与世界性原则的统一。

首先，坚持民族性原则就是要保持优秀中华文化的本色。经过五千多年的发展，中华文化就像一座充满起奇珍异宝的宝库，汇聚了无数中国人的智慧，在世界文明之林中闪耀着独特的魅力。因此，要始终坚持"民族的才是世界的"，在推动中国文化走出去的时候，要以优秀的民族文化为主要内容，在与外国文明交流的过程中，也不能失去本色，而是要努力保持本民族文化的主导地位。

其次，在文化传播的过程中还要秉承一定的世界性原则。随着全球化的不断发展，国与国之间的联系越来越密切，不同文明之间的碰撞和融合也不断加剧，这就要求中国文化在对外传播的过程中，要用开放包容的心态，以国际化的视角来制定文化对外传播的战略，坚决避免故步自封、以自我为中心，而是要积极推动中华文化同世界各国优秀文化之间的互学互鉴，同时，在保护好本民族优秀文化的基础之上，积极吸收外来文明的有益成果，丰富中华文化的内涵。

二、传统性与现代性原则

任何一个民族的文化都是不断发展的，中国文化也不例外，从古至今，中国文化已经经历了几千年的发展历程，也正因为此，中国文化中既包含着以儒家文化为核心的传统文化，同时也包含了中国特色社会主义建设伟大实践中发展而来的现代文化，基于此，中国文化对外传播要坚持传统性与现代性原则的统一。

一提起中国文化，汉字、诗词、国画、瓷器等内容总会最先在脑海中浮现，而对于外国人来说，中国文化更多指的是中国的饮食、戏剧和服装等，但显然，五千多年的文明成果远不至于此，这些承载着中国文化的具体事物背后还有着更加丰富的文化内涵，例如在一些国家兴起的“汉语热”让很多人接触到了汉字，但是这背后蕴藏的汉字演变的历史以及深厚的中国书法文化却还没有得到更广泛的传播。

除此之外，当代中文化发展出的富有时代特色的新内容也应当在文化对外传播的过程中占有一席之地吗，“中国梦”“社会主义核心价值观”等当代中国文化的新内容也具有较大的传播价值，这些文化的传播也有利于向世界展现一个更新鲜的中国形象。

因此，在推进中国文化对外传播的过程中，要坚持传统性与现代性原则二者的统一，依靠先进的科学技术，把优秀的传统文化和富有时代特色的现代文化一同推向广阔的世界舞台。

三、共生性与包容性原则

世界文明具有多样性，不同的文明都是整个人类文明的组成部分，因此，任何优秀的文明都有其存在的价值，这也对我国文化对外传播提出了一定的要求，即坚持共生性与包容性原则的统一。

在进行文化交流的过程中，要坚持平等互惠的原则，解决避免走上文化霸权主义的道路，在积极对外输出本国优秀文化的同时，要给外国优秀文化的“引进来”提供相应的渠道和平台，不能走单向输出的错误道路，而是要推进不同文化之间的互学互鉴，用开放包容的心态，海纳百川，以及吸收外来优秀的文明成果，坚持“以我为主，为我所用”的基本原则，丰富本民族的文化。

与此同时，在传播本民族文化、吸收外来先进文化的同时，也要增强警惕性，坚决抵制某些霸权主义国家的过度文化渗透甚至文化入侵，对于腐朽的、落后的文化也要坚决排斥，避免其对我国人民的文化生活带来消极影响。

四、公益性与市场性原则

文化是人类文明智慧的结晶，优秀的文化是人类社会最美好的存在，每个人都有接受优秀文化熏陶的权利。传播优秀的文化，是提高受众的文化素养、欣赏水平、思想道德水平，丰富其精神生活的重要手段，而进行优秀思想文化的传递、丰富人们的文化生活又是文化传播的神圣使命和重要意义之一。

因此，在文化传播的过程中，要坚持公益性的原则，要在一定程度上积极为人民以及所有对中国文化感兴趣的人提供非排他性、非竞争性或者福利性的文化产品，大力发展文化公益性事业，面向受众提供，例如可以免费访问的介绍中国文化的网站、公共图书馆、博物馆、艺术展、纪念馆、文化宣传基地、文艺演出等文化服务，积极传播优秀的中华文化，积极弘扬社会主义意识形态，传播正确的价值观念，努力丰富人民的文化生活，推动中华文化走出去，向整个世界展示具有中华民族优秀文化传统和艺术造诣的文化作品以及表演艺术。

与公益性文化产业相对应的是经营性或者盈利性的文化产业，随之社会经济的发展以及科学技术的进步，人们的消费水平大大提高，对精神生活的需求也大大增加。不仅如此，从外部环境的角度来说，当前国际局势复杂，国与国之间的竞争加剧，这种竞争不仅仅局限于经济实力、军事实力等，它还存在于文化软实力方面。

当前，很多国家尤其是发达国家都制定了相应的文化战略，积极进行文化输出，很多国家都致力于争夺国际社会的话语权。对于中国来说，作为世界第二大经济体，文化产业在整个经济体系中所占的比例还比较小，文化对外传播力度还不够，在国际市场上，中国文化产品在市场竞争方面的实力还比较弱。

因此，在坚持文化发展和传播的公益性原则的同时，也要坚持市场性原则，以经济的发展带动文化事业的进步，以文化产业的发展来促进经济的进一步发展。要大力促进而文化传播的产业化和市场化，积极调动各方面力量，推出带有中国文化特色的文化产品行业文化服务，不仅要把这些优秀的文化成果投入国内市场，还要把它们推向整个国际市场，增强中国文化产业的知名度和竞争力，让更多的人接触中国文化产品和文化服务。所以，在促进中国文化走出去时，要坚持公益性原则和市场性原则的统一。

五、受众性与实际性原则

文化的传播是有一定的方向性的，文化的传播要以一定的受众为传播对象，对文化传播对象要进行一定程度上的选择，而不是盲目地、没有方向性地传播，因为这会大大降低文化传播的效率。

世界文化具有多样性，不同民族的文化各有其特色，而不同民族都对自己民族的文化有着深切的感情，不同民族之间在价值观方面也存在着较大的差异，这就涉及了文化传播中受众性原则的问题。

毫无疑问博大精深的中华文化在整个人类文明中占有重要的地位，对很多国家的文化都产生过重要的影响，尤其日本、韩国等国家，在中国文化的影响下，中华文化圈的形成就充分证明了中国文化的巨大影响力，也说明中华文化存在很多值得其他民族借鉴的地方，也就是说，在受众性方面，中华文化有资格也有能力在世界范围内得到更多人的认可和欣赏。

所以，在促进文化对外传播时要坚持受众性原则，在现代科学技术的促进之下，要积极扩大中国文化的影响力，增加中国文化在世界范围内的学习者、欣赏者，提高中国文化的受众性。

但是，不可否认的是，在当今世界各种文化激荡交融的背景之下，文化冲突也是不可避免的，有的民族出于民族自尊心以及固有的价值观念等心理，因而会对其他文化产生排斥心理，这就对中国文化的对外传播提出了新的要求，也就是坚持实际性原则。

在文化对外传播的过程中，要坚持受众性原则和实际性原则二者的统一，既要积极扩大文化传播的范围，让更多人的认识中国文化，同时也要预防文化冲突的产生，对于那些同中国在意识形态方面存在较大差异的国家，文化传播要讲究一定的策略，不能盲目地输出，而是要尊重文化的多样性和差异性，在平等友好的基础上，进行积极的文化交流活动，秉持和而不同的原则，促进中国文化在世界范围内的传播。

第二节　中国文化对外传播的三个层次

文化的对外传播要讲究一定的策略，要按照一定的层次顺序进行由浅到深、由表及里的传播。世界局势是不断变化的，人类文明是不断向前发展的，因此文化发展和交流也并非一成不变，而是一个动态的过程。

在科技相对落后的古代，中国文化对外传播的主要载体是人、文字和器物，而文化传播的形式也是简单地“送出去”和“拿进来”。但是，随着历史进程的脚步向前迈进，商业贸易、外交往来、宗教传播、侵略扩张等形式都成为了文化传播的方式，到了现代，在科技进步的背景之下，文化传播早已突破了时间和地点的限制，通过互联网，人们随时随地都能了解自己感兴趣的文化。

由此可见，文化的传播不是一个固定模式的单向活动，而是随着时代的发展而不断变化的一个动态活动，这其实为中国文化对外传播的模式提供了一定的启示：文化的对外传播要讲究一定的层次，要按照由浅到深、由表及里的模式进行传播，这样才能提高文化传播的效率。

中国文化对外传播应当按照三个层次逐一递进，如图 4—2 所示。

图 4—2　中国文化对外传播的三个层次

一、第一层次：“送出去”

文化传播的第一个层次主要为“送出去”，即主动将一些能够代表中国文化的产品和艺术活动送出海外，正如同古代时期国与国之间艺术品的交换那样，这是文化传播的第一个层次，也是最直观地向世界展示中国文化的方式。

近年来，中国文化对外交流活动变得越来越频繁：昆区表演亮相法国巴黎时装周；中国剪纸艺术品在俄罗斯国家图书馆展出；白瓷艺术展在法国尼斯马塞纳博物馆举行；国产科幻大片《流浪地球》在多国上映并广受好评……

随着中国额和平崛，中国文化的影响力也在世界范围内日益凸显，尤其是近几年来，中国通过把文化“送出去”的方式向世界展示了一个文化底蕴深厚且勇于创新发展的中国，一个保持本色并愿意向世界分享的中国，一个积极思考人类命运、敬畏自然、负责任的大国。

中国文化之所以能在世界范围内获得广泛的积极响应，这和中国文化对外传播的第一层次即“送出去”是分不开的，尤其是近几年来，中国影视剧、文学作品、戏剧音乐、舞蹈、手工艺、时装、文物等纷纷走出国门，受到了多个国家观众们的好评。

艺术无国界。中国当代文学作品不仅在国内拥有忠实的爱好者，在世界范围内也有相当数量的读者群，刘慈欣所著的科幻小说《三体》在日本上市，首印1万册全部售罄；中国的古装剧、爱情剧、家庭剧在东南亚、俄罗斯以及非洲热播，受到观众的热捧；湖北省演艺集团的作品《编钟国乐》在美国巡演，以“金、石、丝、竹、匏、土、革、木”八音和鸣的形式将中国的古典音乐呈现给美国观众；中国舞蹈家协会艺术团在非洲多个国家演出了《雀之灵》《杨贵妃》《秦俑魂》等作品；中国国家京剧院赴瑞士演出武功戏《大闹天宫》；郭德纲率德云社首次赴法国商演，中国相声开始走出国门。

通过这种将中国文化“送出去”的方式，不仅将优秀的中国文明成果成功地传播到其他国家，让更多的人了解到中国博大精深的文化，也大大增强了中国文化的国际影响力，给接下来中国文化的“卖出去”和“融进去”打好了基础。

二、第二层次："卖出去"

中国文化对外传播的第二个层次就是“卖出去”，这是基于第一个层次之后，中国文化已经在世界范围内有了一定的知名度，并受到了大部分群体的喜爱，中国文化产品和文化服务也有了一定的国际市场，在和他国的进行文化交流时，中国文化也有了较强的影响力和竞争力。

根据商务部的相关消息，2019年，我国在文化贸易方面取得了平稳且较快的发展，中国文化产品进出口总额高达1114.5亿美元，同比增长8.9%，其中，出口达到998.9亿美元，同比增长了7.9%，进口达到了115.7亿美元，同比增长了17.4%，贸易规模扩大6.8%，贸易顺差为883.2亿美元。

从文化贸易发展的具体状况来看，文化产品的出口增长较快，其中，工艺美术品、工艺收藏品、出版物、文化用品增长最快，增幅都在5%以上。从文化贸易出口的方向来看，对欧盟和东盟的出口增长最快，分别增长18.9%和47.4%。总体来说，我国文化贸易的发展取得了不小的成就，在未来也有继续向好的态势。

自从“一带一路”倡议提出以来，我国文化产业的对外发展也从中受益，2019年，在文化产品出口方面，对“一带一路”沿线国家的出口增长了24.9%。当前，中国文化产业的发展正处于经济转型期的重要背景之下，文化产业正在朝着成为我国支柱产业的方向发展。在“一带一路”倡议中，党和政府明确提出：要对外实现文化产业的合作共赢，要通过培养有中国特色的文化产业，不断完善文化产品的体系，扩大我国文化贸易范围。

除此之外，还要积极培养特色文化产业，不仅要积极突出出口优势项目，还要结合国际市场的大背景以及当下文化产业的增长热点，逐步扩大带有高附加值的文化产品的输出规模，在完善文化产品和服务的出口体系的基础上，应当重视“一带一路”沿线国家的文化利益和文化关切，加强与沿线国家的分工和协作。

此外，在促进中国文化“卖出去”的同时，除了争取更多的市场份额，还要把“一带一路”沿线国家以及中国周边国家的文化利益纳入考虑范围，在制定文化产品出口策略时，要兼顾出口国家的文化感受，有针对性地开展国际文化贸易，让更多的文化产品走向世界。

三、第三层次：“融进去”

文化传播的第三个层次，就是“融进去”，这也是文化传播过程中最高级别的一个层次，是在“送出去”和“卖出去”已经实现程度较深的发展之后，文化对外传播活动的最终归宿。

文化融合，即不同文化之间相互结合、相互吸收的过程，在这个过程中，文化出现同化的现象，不同的文化对彼此进行重新的塑造，不同文化的特质相互渗透，最终融为一个整体。

文化融合最常体现在跨国公司，一个跨国企业往往是以不同的价值观的融合为基础的，价值观念的整合是跨国企业实现良好运转的基础。在跨国企业中，来自不同文化的员工有不同的价值观念，整个企业的运转的过程其实就是不听文化整合的过程。

在国际社会中，文化融合的形式主要有两种，一个是不同文化之间的交流，另一种是不同文化的趋于协同。随着经济全球化的不断发展，人类文明最终走向融合的趋势是不可避免的，进而这种融合的过程会包括文化之间的竞争甚至冲突。

其实，经济的全球化发展正在为人类文明的融合奠定基础，一些地区之间的文化冲突其实就是文化融合的前奏，毕竟没有冲突机遇难有融合，例如在古代中国，佛教刚刚传入时也和当时本土的儒家思想中有关“孝”的观念产生了冲突，但最终，随着这两种文化的不断交流，最终实现了“儒、释、道”并存的局面，这也一定程度上促进了我国文明的进步。

整个人类不但趋向于成为一个大的经济共同体，而且还会向文化共同体迈进，这是不可避免的事实，因为“地球村”这一个概念就不仅仅局限于经济领域，全球化也不仅是国与国之间经济的交流，还伴随着文化的互学互鉴。

中国作为一个文明大国，文化对外传播的进程已经走过了几千年，而为了顺应全球化的潮流，让中国优秀文化同其他优秀文化进行互学互鉴和融合，就要在经济上积极参与全球性生产，拓宽中国文化产品的海外市场，实行“门户开放”，对外来的优秀文化要秉着开放包容的心态，坚持“以我为主，为我所用”的原则，让中华优秀文化与世界优秀文化接轨，坚决抵制狭隘的民族主义，避免陷入故步自封的境地。

从“送出去”到“卖出去”再到“融进去”，中国文化将继续用独特的方式走向更广阔的国际舞台，继续向世界展现一个拥有深厚文明的大国，一个有着出色艺术审美的大国，一个努力融入世界文化的大国。

第五章
中国文化对外传播的途径

中国文化对外传播的历史由来已久，文化对外传播的途径也经历了几千年的演变，从汉字的诞生到人口的迁移，从宗教传播到丝绸之路，从被迫打开国门到今天主动走向世界舞台。随着全球化的发展以及人类科技水平的进步，中国文化对外传播的途径已经远远不止于依靠人与人之间的接触来进行传播，而是发展为了一个多层次、全方位的文化传播体系。

第一节　媒介途径对外传播中国文化

当代社会，文化对外传播的途径主要分为三大类，如图 5—1 所示。

图 5—1　文化对外传播的途径

首先，通过媒介途径进行中国文化的对外传播主要指的就是依靠一定的载体来进行文化传播，这种载体一般是具体的、有形的可以为受众轻易所理解和接受的一种载体，例如一本记录中国古典诗词的典籍、一幅优美的山水画，或者一部介绍中国历史文化的纪录片。

媒介途径主要包括三个比较典型的代表：图书、影视以及新媒体。

一、图书

文字是承载文化的最基本载体。自文字、造纸术和印刷术被发明以来，人类文明开始被记录和流传，以中国为例，几千年来中国在文学、艺术、科技、医学等领域的成就被记录在了无数本经典著作当中，供后人阅读和学习，这些典籍的存在也证明了中华文明的博大精深和生生不息。

在全球化不断发展的大背景下，各个国家都在努力争夺在国际社会上的话语权，都积极依靠大众传播媒介增强本国文化在国际上的影响力，一些推崇文化霸权主义的国家甚至对一些第三世界的国家进行文化入侵，这对包括中国在内的很多国家的文化都造成了一定的威胁，但这也是不可避免的。

图书作为承载中国五千年文明的重要载体，能够在应对文化霸权主义、传播中国文化中发挥巨大的作用，承担起维护中国文化安全和文化主权的重任。所以，积极研究中国图书对外传播的途径有着非常重要的意义。

当前，我国图书的对外传播还存在着许多的问题，例如在版权方面就面临着很多难以逾越的“文化鸿沟”，此外，图书对外传播的内容和结构也存在着很多不合理之处，总体来说，借助图书这一媒介进行文化传播的效果还有较大的提升空间。

因此，想要使中国图书走出去，就要解决以下这几个问题：语言障碍较大，传播机构不够完善，传播者缺乏科学的传播理念，传播内容与外国受众所处的文化环境有较大差异，传播渠道受到一定国内和国际规则的限制等。

为了更好地通过图书这一媒介进行中国文化的对外传播，就要做到以下几个方面：

（1）所传播的图书中的文化内容及价值观念要在保存本色的基础之上进行一定程度上的改造，让其更容易被外国读者所理解和接受，从而增强中国文化的国际认可度。

（2）提高图书传播的能力，改善中国优秀图书的对外传播体制机制，让图书的对外传播之路更加畅通。

（3）建立实力雄厚的传媒集团，拓宽市场范围，实行多样化的运作模式。

（4）积极调查国际读者市场，推出具有国际知名度的文化品牌文本，用多种准确易懂的语言传达图书的内容。

二、影视

随着科技的进步以及经济的发展，中国的影视文化也在近几十年来取得了不小的成就，诞生了诸多有较高文化造诣的优秀影视作品，而影视作品作为文化的重要载体是对外传播中国优秀文化的有一个有利的媒介。

任何一部影视作品都是对一段历史文化的反映，都是人类思想和价值观念的一种缩影，往往能够展现出某一时期、某一环境中特定人群的生活习惯和价值理念。所以，优秀的影视作品的传播是推动中华文化走出去的重要途径，也是增强中国文化国际话语权的必经之路。

近年来，中国电影的发展如雨后春笋，全国电影总票房逐年增长，达到百亿元以上，与此同时，中国影视也开始逐渐具备向外输出的实力。

电影《流浪地球》上映于2019年，这部科幻巨制不仅在国内广受好评，开启了中国科幻电影的元年，在国外上映之后，也“口碑爆棚”，不仅有极高的上座率，同时也引起了美国社交媒体的热议，美国《福布斯》杂志称赞道：“《流浪地球》是中国第一部大制作的科幻电影”，美国《纽约时报》评价“中国电影业终于加入太空竞赛”。

《流浪地球》的成功就是中国影视文化对外输出的成功范例，这部电影之所以能够同时在国内和国外都取得较好的口碑和票房，除了扣人心弦的剧情、逼真的特效之外，还有其中蕴含的中国文化中对于忠诚、勇敢、奉献的完美诠释，电影角色身上散发出的人性光辉是打动观众的根本因素，这部电影的成功也是中国文化和价值观的一次意义非凡的传播。

但是，我们也应当清醒地认识到，在当今国际社会，某些西方国家的文化霸权正在极力使中国电影陷入边缘化的困境，以2015年为例，中国全年440亿元的总票房中，国产电影占61%，约为271.36亿元，而国产影片的海外销售收入仅为27.7亿元，占总数的6%。

此外，作为电视剧生产国，我国每年制作电视剧超过一万集，但是这些电视剧的海外销售额不及国内销售额的5%，而购买我国电视剧的国家也主要集中于东南亚各国，富有中国特色的电视剧在对外传播方面依然任重道远，中国影视文化的迎春巷里和“韩流”“好莱坞大片”相比还有较大差距。

影视作品是文化传播的重要媒介，也是一个民族文化底蕴、价值观念、精神气质的集中体现，中国有几千年的历史积淀，是东方文明的重要组成部分，想要突破各种阻碍，让承载着中国文化的优秀影视作品走出国门，就应当清楚地分析当前中国影视对外传播的现状，破除外国对中国文化的刻板印象，促进我国的影视作品对外传播逐渐走向成熟。

与图书等印刷制品相比，影视作品更加直观，因此更容易进行跨文化传播，尤其是在“一带一路”背景之下，中国优秀的影视艺术作品通过其视听元素，更高效地向国外观众展现中国的民族风貌和社会生活，传达中国文化的深厚意蕴与情感价值。

在传播影视文化的内容选择上，要积极树立中国风格，体现中国特色，要用精良的制作和高质量的内容征服受众。此外，在对外传播过程中，要积极开发中国影视的市场，来进一步确立中国影视作品在国际市场的地位，要形成中国风格，讲好中国故事，传播中国声音。

具体来说，中国出口海外的影视作品可以着重于两大类型：一是依托中国五千年历史所积淀的文化内核，把带有神化传说、历史事件、武侠等题材的影视出口海外；二是以当代中国社会的飞速进步以及当代中国人的精神风貌等为题材，向世界展现一个全新的、充满活力的中国形象。

此外，在“一带一路”的战略背景下，以影视为媒介进行文化传播还要开拓全新的平台，“数字丝绸之路”也逐渐发展成熟，信息技术的不断进步推动影视文化传播方式的变革，各种数字化的手段都为我国影视作品的对外输出提供了更广阔的市场。

三、新媒体

随着科学技术的飞速进步，新媒体的出现为人类文明的传播提供了新的媒介和新的思路。随着各种新媒体的涌现，我国文化对外传播有了更多的优势，同时也面临了更多的挑战。

首先，新媒体在我国的覆盖率是比较高的，据有关数据显示，我国有将近6亿的移动客户端网名，手机、移动电视的用户数量巨大；其次，相对于传统媒体如纸媒，新媒体占用的空间相对较小，访问便捷且内容丰富，还带有较高的共享性；最后，依托新媒体所进行的信息传播更加方便快捷，有较强的互动性，人们可以随时随地通过手机了解新闻实事，可以在各种社交软件上和他人互动。这些其实都体现出新媒体作为信息传播媒介的强大力量。

因此，在这个以电子科技快速进步的背景之下，以新媒体为媒介进行文化对外传播是十分有效的。

当前，尽管国内很多媒体搭建了对外传播新媒体渠道，例如开发海外媒体客户端、架设海外门户网站、开设多语言社交媒体账户等，很多媒体的运营重心其实还是主要集中于国内，并非新媒体之上。平台建设滞后，海外版客户端用户少，缺少有针对性的内容建设以及同用户之间的互动等，这些都是当前我国新媒体面临的问题。

以 CCTV 为例，在对外传播影视文化的过程中，主要把电视作为主要途径，很多具有中国文化特色的、制作精美的节目并没有及时发布在其 Twitter 和 YouTube 账号上，这就导致很多优秀的节目在国外知名度较小的劣势。除此之外，还有部分媒体，在国内账号上发布内容之后，没有进行任何跨文化加工就直接翻译为另一种语言，然后发布在对外传播的媒体平台上，这种方式基本没有实现传播内容与海外用户需求之间的良好对接。

因此，如何利用新媒体这一媒介让中国文化真正从“走出去”变成“走进去”依然任重道远。所以，为了高效发挥新媒体在文化对外传播中的作用，提升中国文化在国际传播中的竞争力，加强国际社会对中华文化的了解，为中国争取更多的话语权，我国在利用新媒体进行文化对外传播要做到以下几个方面。

首先，要创新传播理念，树立“新媒体”传播意识。在利用新媒体进行文化对外传播的过程中，要本着平等、沟通、互惠互利的理念，要充分认识到：一些受众，尤其是西方资本主义国家的受众，对于从外部输入的理念和观点等往往抱有比较强的警惕性，很多受众不会轻易接受与其固有价值观念相悖的文化。所以，在文化对外传播的过程中，要本着包容、平等、互动的心态，把单向的输出变成双向的互动，利用新媒体互动性强和共享性强的优势，让更多的人听到中国声音。

其次，加强对外合作，与国外新媒体平台形成合力。在文化对外传播的过程中，想要克服“水土不服”这一难题，同当地的多媒体平台展开友好的合作是最有效的方法。在新媒体刚刚进入海外市场的时候，往往会因为对当地文化、用户习惯、市场规则等方面不够了解，此时，如果能够先借助相对比较成熟的当地媒体品台开展部分业务，对于快速了解用户、熟悉海外市场是很有帮助的。

第二节　教育途径对外传播中国文化

教育是对外传播中国文化的又一个重要途径。教育途径，即通过教育者对受教育者进行有计划、有目的传授活动，从而实现教育的目标。教育是一种有目的地培养人的活动，在这种活动的过程中，教育者往往会采取一定的手段和途径，对受教育者施加积极的影响，从而促进受教育者的个人发展。

从文化对外传播的角度来说，除了通过图书、影视、新媒体等媒介进行文化传播之外，教育是一种比较直接且高效的文化传播手段，是对受教育者直接进行文化输出的一种活动，这种活动往往可以在较短时间内把文化输出的内容以教授的方式直接传播给受教育者，并对其产生比较深刻的影响。

一、汉语教育

众所周知，语言是文化最基本的载体，是文化交流的工具和桥梁，更是文化传播的有效途径。汉语，属汉藏语系，是中华民族的通用语言，是经历了几千年发展进程的、使用人数最多的成熟语言。

从文化对外传播的角度来说，汉语教育是一种基础性的、高效的文化传播方式，因为掌握了语言才能更好地了解文化。中国的汉字文化博大精深，汉字的演变也经历了较长的过程，对于受教育者来说，学习汉语的过程就是学习汉字文化的过程，因而也是接触中国文化的过程。汉语教育不仅仅是单纯地传播语言，其背后蕴含着中国文学、书法、艺术等多个领域的文化传播。

我国一向重视对汉语及汉语文化的传承和发扬，在汉语教育领域，汉语的传承与传播一直是对外传播优秀中华文化的重要内容之一。以教育领域为例，根据中国汉办的统计显示，截至 2019 年，我国已经在全球 154 个国家和地区建立了 548 个孔子学院和 1193 个孔子课堂，积极满足世界各地对中国文化感兴趣的人学习汉语的需要，同时也致力于增强世界各地的人对中国文化的了解，加强同世界各国教育领域的联系，努力推动中国文化更好地走向世界舞台，共同促进世界文化多样性发展。

以孔子学说为核心的儒家思想文化起源自春秋战国时期，后经过历代思想家的发展以及同其他文化的融合而成为历代统治者所推崇的正统思想，影响深远，直到现在，儒家思想文化依然是中国文化的典型代表，对周边很多国家的文化也产生了重要的影响。

400 多年前，来华的意大利传教士把记载着孔子哲学思想的著作《论语》带到了西方，并翻译为拉丁文，孔子的思想开始在欧洲传播。如今，随着人类文明的进步，不同文化之间的交流日趋频繁，几千年前的儒家哲学已经走向了世界，传播到了更多的国家和地区，越来越多的人开始对东方的思想文明产生浓厚的兴趣，而孔子学院的建立，恰巧满足了这种需求，也进一步推动了中国文化走向世界。

“和而不同”“四海之内皆兄弟”“君子以文会友，以友辅仁”等这些包含着儒家“仁、和、义”等思想的经典语录在今天看来也依然闪耀着无穷的智慧，且不断提醒着我们向世界传播优秀文化的重要性。

孔子学院是由中国国家对外汉语教学领导小组办公室（简称汉办）承办的，从本质上来说，孔子学院是非营利性的社会公益机构，主要工作是推广汉语和中国文化。孔子学院的设立旨在那些有需求且条件允许的国家或者地区开展汉语教学活动，给来自世界各地的汉语爱好者提供权威且规范的现代汉语教材以及汉语教学渠道。孔子学院的总部现在位于中国北京。

孔子作为中国传统儒家文化最具代表性的人物，可以说是整个中华文化的重要标志，以孔子作为汉语对外教学和中国文化对外传播的品牌无疑是最合适的选择。孔子学院秉承着“和而不同”的理念，一直致力于传播中华文化，推动中外文化之间的友好交流，为沟通维护持久和平、繁荣发展的世界为目标。

中国的国家领导人以及相关文化部门也十分重视孔子学院在世界各地的发展，一些国家和地区孔子学院的挂牌仪式都有国家相关领导人身影。2009 年，习近平主席亲自参加了三所孔子学院的挂牌仪式，这不仅充分体现出国家对于汉语教学和传播的重视，更体现出国家对于中国文化对外交流与传播的大力支持。

2004 年 11 月，第一家孔子学院在韩国成立，到了 2019 年，全球范围内的孔子学院已经达到了300家，美国和欧洲的数量最多。毫无疑问，孔子学院已经成为汉语乃至中国文化的一张漂亮的名片，是在世界范围内具有较大影响力的传播中国文化的教学平台。

依靠雄厚的师资力量以及国家有关部门的大力支持，孔子学院在培养高素质汉语教师、提供规范化汉语教学教材、开展汉语和中国文化教学、提供文化信息咨询、开展中外文化交流活等方面都取得了瞩目的成就。

在开设的课程以及教学内容方面，由于孔子学院所容纳的学生来自世界各地，彼此有着不同的文化背景，不同国家或地区的孔子学院会开设不同的、有针对性的课程。

例如对于那些对中国文化不太了解，且个人文化背景同儒家文化存在较大差异的学生，孔子学院往往会给其开设综合汉语课程，从最基础的字形、字义、语音、语法等方面，来详细教授汉语，在解决语言障碍之后，再对其进行下一层次的文化教学，这种循序渐进的教学模式很好地克服了文化差异所带来的问题，也坚持了“和而不同”的基本原则；而对于那些已经有了一定汉语基础，且对中国文化比较了解的学生，教学课程则涉及中国历史、文学、地理、艺术等方面，不同的孔子学院有不同的教学目标，有的还开设了更丰富多彩的课程例如武术、剪纸等。

总之，随着中国文化事业的不断发展以及中国文化影响力的不断增强，在未来，孔子学院依然会保持强劲的势头继续在世界各地“开枝散叶”，而博大精深的中国文化也随着孔子学院在世界范围内的建立而传播到更多的地方。

二、互换留学生

互换留学生是通过教育途径进行文化传播又一重要方式，和建立孔子学院这种规模较大的传播模式不同，学校之间互派留学生是一种相对规模较小也更加灵活多变的一种文化传播方式。互换交留学生是在中国高校同外国院校所签订的有关交换、培养学生的协议的前提下，双方各自通过一定的选拔流程，来选派一定人数的学生到彼此的学校进行交换培养的一种教育模式。

在20世纪50年代之前，中国同外部世界的联系还不是很密切，在当时，中西方之间文化交流的主力军就是中国留学生。尽管当时中国在教育和文化传播方面的实力还比较弱，很多学贯中西的中国留学生凭借着自身的努力和开阔的眼界，依靠较高的文化素养和强大的文化自觉意识，承担起了中国文化对外传播的重任。

当时，中国政府特别是文化有关部门在文化传播方面的政策还不够成熟，中国留学生就自觉承担起对外传播优秀中国文化的责任，他们积极翻译中国的经典著作并传播到西方，有的人甚至直接用外语进行写作，创作出了大量有关中国文化题材的文学作品，积极为当时的西方介绍中国的思想文化，也为外国的汉学研究者提供了有利的帮助。此外，中国留学生们还积极利用自己的人际关系，广泛参加各种社会活动，向当时的西方世界展示中国人良好的精神面貌。

自此，中国留学生们就成为中西交流的一个不可或缺的媒介，他们积极研究、介绍并传播中国文化，随着后来中国留学教育的继续发展，更多的中国留学生成了传播中国文化的使者，大大促进了中外文化交流。

如今，中国的教育事业已经取得了巨大的进步，教育体系也基本完善，中国文化在世界的影响力也吸引了更多的外国学子来中国学习，这也使得互换留学生成为当代中国文化对外传播的重要形式，也是中国引进外来优秀文明成果和高素质人才的重要途径之一。

根据教育部的相关数据显示，近几年来，来华深造的外国留学生数量大大增加，且增速较快。据统计，2000 年，赴华留学生的人数为五万人，而到了 2017 年，来自世界各地两百多个国家的和地区的在华留学生人数就达到了近五十万名。不仅如此，同外国高校进行互换留学生的国内高校数量也在逐年增加，在参与互换留学生计划的学生群体中，攻读硕士、博士学位的人数也不断增加。

随着互换留学生活动的进一步开展，来华的外国学生人数越来越多，更多的人会有机会了解和喜爱中国文化，中国文化的影响力也会随之扩散到更多的国家，这对于提高中国的软实力，向世界展示一个和平、强大的中国形象有重要的意义，因此，中国也要继续以教育为桥梁，推动中国文化的对外传播，吸收和借鉴外来的优秀文化成果。

第三节　活动途径对外传播中国文化

自古以来，人类的活动就是文化交流的重要方式，人作为文化的重要载体和主要的传播者，不仅创造了文化更在各种交往活动中促进着不同文化之间的碰撞和融合。总体来说，通过人类活动进行文化传播的方式主要有四类，如图5—2所示。

图5—2　传播文化的活动途径

一、商贸活动

商贸活动是文化交流的一个重要途径，自中国古代的丝绸之路，到现在的“一带一路”，随着中外贸易的密切往来，中外文化也在进行着碰撞和交融。

两千多年前，汉朝使者张骞带着大量的丝绸和黄金从长安出发，到达中亚的乌孙，向乌孙统治者献上了来自东方的珍宝，乌孙王也回赠了马匹，献给当时的统治者汉武帝，从此拉开了丝绸之路上贸易往来的大幕。

丝绸之路上，不同国家在贸易上的往来促进了各种农作物、动物、手工业制品以及各种奇珍异宝在不同地区之间的交换和传播，中国给其他国家带去了高粱、水稻、生姜、梨、桃以及樟脑、桂皮、姜黄、麝香等药材；在科学技术方面，中国给世界奉上了造纸术和蚕丝技术；在手工业方面，中国向世界输出了精美的丝绸、瓷器、铜器等。

不仅如此，通过丝绸之路，其他国家也给中国带来了一些先进的技术和各类职植物、商品：石榴、葡萄、苜蓿、芝麻等植物；狮子、鸵鸟、乌孙马、大宛马等动物；琥珀、珊瑚、玛瑙等珍宝；以及甘蔗榨汁术、凉殿术等技术。

在进行贸易往来的过程中，文化、宗教、艺术也通过丝绸之路得到了交流与传播。首先，在宗教方面，佛教、拜火教、摩尼教和伊斯兰教传入中国，佛教更是在中国完成了本土化发展，最终同儒家思想和道家思想共同成为中国的主流思想。

在雕刻和绘画方面，佛教石窟就是外来文化传入后，对中国的雕刻艺术产生影响的主要表现，敦煌莫高窟、洛阳龙门石窟、陕西大佛寺、山西云冈石窟等，都在色彩和造型上体现出了佛教文化的特点。在绘画方面，源自印度的“凹凸法”在公元 6 世纪也传到了中国，著名画家吴道子在掌握了这种技巧之后，创造出来很多传世经典。

在音乐上，唐朝宫廷乐的代表“燕乐”在丝绸之路贸易往来的过程中被传入西方，而来自其他国家的天竺乐、康国乐、西凉乐、安国乐、高昌乐等也传入中国。源自中亚石国的胡腾舞、康国的胡旋舞等，在传入中国后都对中国社会产生了较大的影响，影响了当时人们的文化生活。

如今，国与国之间的贸易往来变得更加密切，这种密切的贸易活动还伴随着不同文明之间的交流，跨文化交际也一直是贸易往来的重要内容之一。对于中国来说，积极利用“一带一路”所带来的贸易机会向世界传播中国文化是当下一个促进中外文化交流的重要方式。

为了扫除要在国际贸易中文化交流的障碍，推进在对外贸易往来中的文化传播活动，就必须本着求同存异的心态，在了解西方经济发展模式和思维模式的基础上，促进经济和文化两个领域的互惠互利，追求互利共赢的结果。

在同他国进行贸易往来的过程中，由于不同国家的文明之间存在较大的差异，想要实现经济上的互利共赢，促进贸易活动的畅通，就必须进行有效的文化沟通与交流。不仅如此，在贸易往来的过程中，想要促进那些凝结着文明成果的文化产品在国际市场上的流通，就必须加强国际文化交流，推动中国文化走出去，使中国的文化产品和服务更加具有国际性，才能实现贸易往来和文化交流的双赢。

二、艺术活动

艺术无国界，优秀的艺术成果是一个民族文化的结晶，更是文化交流过程中的重点内容。一个国家的艺术成就是其文化的精髓，也是能够体现这个国家在艺术领域的审美情趣和主流思想文化的代表。

因此，在中国文化对外传播的过程中，艺术活动是非常重要的途径之一，也是促进中外民族友好和理解的重要途径。通过艺术活动进行文化交流和传播的方式也是多种多样的，主要表现为各种门类的文化艺术交流活动：书法展、绘画展、时装周、音乐节、工艺品展等，以及组织一些艺术团体或者个人赴国外进行表演、交流或者培训等，这不仅可以直接向外国展示中国的艺术成就，还可以为中外文化交流提供咨询服务，拉近中国文化同外国受众之间的距离。

时装周，是通过艺术活动进行文化交流的重要形式之一，也是以服装品牌产品发布为核心的一种动态展示活动。法国巴黎、英国伦敦、日本东京和意大利米兰都是每年嘎达品牌发布会的聚集地，各种时尚文化产业的展示盛会大多在这四个城市举办。此外，我国的时装周一般在每年的 2 月、3 月、9 月和 10 月举办，上海国际时装周、香港国际时装周等在世界时尚领域都享有美誉。时装周举办期间，各个国家优秀的服装设计师、模特、摄影师、造型师、明星以及相关行业和机构都会参加这些重要的年度盛会。

服装，作为继承和展示中国文明的主要载体之一，是中国文化的重要组成部分之一，中华民族的服饰文化已经经历了几千年的发展历程，在服饰观念、服装样式、材料、制作工艺以及着装方式等方面，处处体现出中国的历史与文化，服装的演变也是中国历史进程的一个缩影。

服装不仅是一个社会时尚潮流的最直观体现，也是这个社会的文化、经济和思想观念的展现，例如从晚清到民国，从保守的旗装到大胆开放的旗袍，就展现出了中国女性地位的变化，也反映出中国近代社会思想的解放和进步；从新中国的成立再到改革开放，中国女性服饰的变化直接反映出整个中国社会文化从保守走向开放的过程，折射出了中国社会经历的巨大变革和快速发展。

在世界时装周的展示舞台上，中国品牌向来都是中国文化的代言人，中国服饰的展示其实也是中国文化的对外展示和传播。

2019 年，在巴黎时装周上，中国设计师们通过服装用大量的中国元素向世界展示东方神韵。女装品牌盖娅传说以“画壁 · 一眼千年”为主题，以东方色彩和图案为主要风格，以薄纱为材质，展现出“仙袂飘飘、薄如蝉翼”的服装视觉效果，模特们身上所佩戴的饰品也体现出中亚风格，向世界展现出“飞天”这一艺术形象的神秘气质。

来自黎巴嫩的设计师艾莉。萨博，就曾在其设计的花草系列服饰中大量使用了东方元素，华美的纱质材料，以香槟、紫檀、黛蓝、朱砂为主的整体色调，龙纹、凤纹和祥云等刺绣图案无一不体现出东方的古典韵味，模特们佩戴的精致配饰也借鉴了中国古代铜币的样式，有些头饰还以中国文字为形状，突出了中华文化的独特气韵，这就是中国文化对外传播在服饰上的体现。

三、旅游活动

除时装周之外，旅游活动也是文化对外传播的重要形式之一。每年，都会有大量来自世界各地的游客来中国游玩，故宫、长城、秦始皇陵等著名历史文化景点都是很多人的选择。中国作为有着五千年文明的国家，各种历史文化景点遍布全国的各个角落，它们都有深厚的文化底蕴，是对外展示中国文化的主体。

旅游活动，作为一种使目的地文化向客源地传播的有效途径，从文化传播的角度来说，有着独一无二的优势。通过旅游活动所进行文化对外传播，不仅可以使游客达到娱乐、学习、提高欣赏水平等目的，也可以在为文化地带来经济效益的同时，促进当地历史文化的对外传播。通过旅游活动，世界范围内的大量群体得以亲自在旅游景点感受目的地的深厚文化，从而实现目的地文化的对外传播以及经济效益的提升，这也是国家大力促进旅游业发展的重要原因之一。

旅游活动作为重要的文化对外传播方式，能够直接有效地将目的地文化传达给游客，从而将文化传播到客源地，特别是在国际旅游活动中，国家之间、民族之间的文化交流及随着人们的旅游活动得以完成。随着国内旅游业的快速发展，以及中国国际形象和知名度的提升，每年都有大量来自世界各地的游客来中国游玩，拉动了中国旅游业的发展，不仅如此，外国游客在油卡中国名胜古迹的同时，通过与当地人的交流、品尝当地的美食、观看特色文化演出等形式，获得对当地历史文化的认知，然后随着旅游者将信息带回本国，文化也得以传播给了其他人群。

任何一个游客在游览某一历史文化圣地之后，都会产生一定的感想和感受，然后再通过语言或者非语言的方式去感染和影响他人，这种活动从本质上来说就是一种以人为载体的文化传播活动，不论这种活动是否以传播文化为明确的目的，文化信息都会在这一过程中得到传递，而接受这种文化信息的人很可能成为信息的二次传播者，由此发展下去，形成文化的非定向传播。

随着中国经济和文化的发展，以及国际地位的不断提高，每年，数以百万计的外国游客来到中国，近距离欣赏中国的名胜古迹和大好河山，然后再将其所见所感传播到国外，中国文化得以获得越来越高的知名度。旅游活动作为一种跨文化交流的重要形式，同很多文化交流活动一样，担负着文化传播的功能，此外，同其他文化交流方式相比，旅游活动还能带来一定的经济效益，拉动旅游产业的发展，因而具有更多的优势。

现在，越来越多的国家注意到了旅游活动对于对外传播文化以及提升国家形象的重要功效，越来越多的国家开始大力发展本国的旅游业，积极开发各种旅游景点，将旅游业作为国家文化对外宣传的重要突破口。对于我国来说，依托“一带一路”等重要战略，中国应当继续推动本国旅游业的发展，积极保护各地历史文化古迹，创新旅游产业发展模式，加强对外宣传，吸引更多的外国游客感受中国文化的魅力，促进中国文化在世界范围内的传播。

四、其他活动

除了商贸、艺术和旅游活动之外，还有很多形式的活动同样具有文化传播的功能。随着全球化的发展以及人类文明的进步，“地球村”使得国与国之间的联系越来越密切，各种国际大型活动的举办已经成为国家和地区之间交流的重要渠道，而从承办大型国际化活动的国家或者地区的角度来说，当地的文化也得到了对外传播的机会。

奥运会，即奥林匹克运动会，是由国际奥林匹克委员会所主办的世界上规模最大、影响范围最广的综合性运动会，每四年举行一届，会期不超过 16 日，是世界上最重要的体育盛会。

从文化传播的角度来看，奥运会作为一种特殊的传播方式，对于举办该盛会的国家来说，是一次难得的向世界展示文化、传播文化的机会，在奥运会举办期间，不仅有来自世界各地的运动健儿来到主办国家，世界各地的游客、媒体、体育机构以及一些国家的政要等都会亲临主办国家，共同见证这四年一次的盛会。因此，奥运会是文化对外传播的重要载体，承办奥运会的同时也是向世界传播文化、展现本国精神面貌的过程。

每一届奥运会，从火炬传递到开幕式，从颁奖仪式到闭幕式，从场馆设计到奖牌设计，无疑不是展示承办国家民族文化的载体。2008 年，第 29 届夏季奥林匹克运动会由北京承办，

所有中国人的心在这一刻凝聚在一起，共同向世界展示了一个历史悠久、文化底蕴深厚、爱好和平的国家。不仅如此，北京奥运会本着“人文奥运”的理念，借这次承办体育盛会的契机，向世界展示和传递了中国的文明成果。北京奥运会精彩的开幕式就是对外传播中华文化的最好典范。

可以说，北京奥运会开幕式其实就是中华五千年文化的缩影，向世界展示了中国文化的发展进程以及中国文明的主流思想理念。北京奥运会由张艺谋担任总导演，开幕式的文艺表演名为《美丽的奥林匹克》，上篇为《灿烂文明》，下篇为《辉煌时代》，分为《画卷》《文字》《戏曲》《丝路》《礼乐》等章节。整场开幕式以灵活多变的形式，成功地为世界奉上了色彩纷呈的视听盛宴，也向全世界展示出一个有着海纳百川、兼收并蓄胸襟的中国，也集中向世界传播了中国传统文化的精髓。

在开幕式开场倒计时的最后 10 秒，“缶阵”的击打节奏震耳欲聋，焰火也在空中同时绽放，整个体育场犹如盛开的花朵，29 个巨大的脚印形状的烟花沿着北京的中轴路向奥运会主会场鸟巢走来，代表了中国古代的四大发明之一火药的发明。

随后，一幅壮观的山水画卷徐徐展开，作为中国画的代表，山水画是对中国文化进行展示的最好选择，随着演员在空白画卷上飘逸地舞动，一幅完整的山水画开始显现，展现出勤劳勇敢的中华民族通过自己的双手创造美好家园的精神力量。在画卷的两端依次出现了长城、鼎、青花瓷、竹简、指南针、地动仪等图案，向世界展示了中国古代的优秀文明成果。

此外，开幕式上“孔子三千弟子诵读论语”的部分也是对中国儒家思想文化所进行的集中展示，演员们吟诵着《论语》中的名句：“四海之内，皆兄弟也”“朝闻道，夕死可矣”“礼之用，和为贵”“知者不惑，仁者不忧，勇者不惧”等，都体现出儒家思想中有关于“仁、和、礼”的等思想，让世界有机会了解中国博大精深的儒家文化。

北京奥运会开幕式的成功，不仅向世界展示了中国五千年辉煌的文明，也

展现了现代中国的风采，彻底改变了某些外国人对中国人“长袍马褂小辫子”的陈旧印象，也打破了一些国家对中国的偏见，一个爱好和平、海纳百川、现代文明的中国形象给世界留下了深刻的印象。北京奥运开幕式当天，世界上共有 40 亿的观众收看，通过开幕式精彩的表演，世界重新认识了中国，中国的文化也传播给了全世界。

除奥运会之外，世博会也是以活动途径进行文化对外传播的又一个重要方式。世博会是由主办国政府为主来组织的具有有较大影响力的国际性博览活动，参展的国家一般会在各自的展馆向世界展示其在科技、文化和现代产业的种种成果，因此，世博会被形象地誉为世界经济、科技、文化领域的“奥林匹克”。

其实早在隋朝时期，隋炀帝就曾举办“万国博览会”，尽管当时人类所达到的科技水平还比较落后，参加展览会的国家也比较有限，很多学者都认为“万国博览会”是现代世博会的雏形。大业五年，隋炀帝登上观风行殿，三十余国陪列出席，盛陈文物，奏九部乐，设鱼龙曼延，史称“万国博览会”。

世博会起源于中世纪的欧洲，当时，来自不同国家的欧洲商人们定期市集，起初主要开展经济贸易，到了 19 世纪，欧洲的商业得到了进一步的发展，商人们的地位大大提高，市集的规模也因此而扩大，进行交易的人来自多个国家，商品交易的种类也不断增加，市集的影响力越来越大。19 世纪 20 年代，大规模市集发展成为博览会，越来越多的国家参与其中。

经历百余年的历史，世博会已经从最初工艺品和艺术作品的展会发展成为荟萃科学技术与产业技术的世界性展览会，此外，参展各国除了展示本国先进的技术和特色的商品之外，还伴以异彩纷呈的表演，给参观展馆的观众带来更加丰富的体验，也近距离感受了各个国家各具特色的文化。

2010 年，第 41 届世界博览会在上海举办，“城市，让生活更美好”是本次博览会的主题，正如外国媒体所报道的那样：“中国利用上海世博会约会世界。”上海世博会不仅向世界展示了中国现代化建设的辉煌成果，更传播了中国深厚的文化底蕴。

上海世博会的会徽是一个由三人合臂相拥而组成的汉字“世”，一次来展现中国古老的汉字文化，同时也蕴含着“世博会”的意义。本次上海世博会中，中国馆以“东方之冠”为主旨，向世界展示中华文化的气度和气质，场馆主体的红色更能够代表中国传统文化的经典颜色，无论是颜色还是整体结构，中国馆都展现出中国古代哲学中“天人合一”的美好理念，也向世界传达“鼎盛中华、天下粮仓、富庶百姓”等理念。

此外，中国馆内的镇馆之宝就是《清明上河图》，在现代科技的帮助之下，原作中的人物、自然景色、建筑等都变成了动态的形式，八个主题各有各的特色，向参观者展示出北宋民间的充满生活韵味的和谐景象。把科技融入《清明上河图》之后，这部传世经典不仅保留了古典韵味也兼具了现代科技的魅力。

总之，世界博览会不仅是各国文化和科技的展示，也是国与国之间在文化方面相互交流、互学互鉴的盛会。可以说，世博会是文化传播的大舞台，它为人们提供了一个近距离欣赏各国文化的机会，同时，对于承办国来说，世博会也是一个推动本国文化对外传播的契机。

第四节　其他途径对外传播中国文化

除媒介途径、教育途径以及活动途径之外，还存在一下三种主要的文化对外传播方式，如图 5—3 所示。

图 5—3　文化对外传播方式

一、自然传播

世界很多人类文明都起源于河流或者海洋，例如中国文明起源于黄河，古巴比伦文明起源于底格里斯河、幼发拉底河，古印度起源于恒河，古埃及起源于尼罗河。河流对人类生活生产的影响。古代人们的生活和生产区也多沿河、沿江分布，可以说，河流作为一种自然因素，对人类文明的起源、发展和传播都有着重要的影响。

人类早起的农业文明往往都起源于河流护着海洋，古代，人类未来生产个生活往往会生活在距离水源较近且土壤肥沃的地区，以便开展农业生产。到了现代，河流依然对人类的生产活动有重要的影响，最直接的体现就是河流对人类的生产活动分布的影响，举一个简单的例子，很多如工业区或者工业城市往往都聚集在河网密布的地区，方便人们在进行工业生产时能够依靠充足的水资源并节约成本等。

河流和海洋孕育了人类的文明，人类社会的发展也离不开河流和海洋。黄河作为中华民族的母亲河，哺育无数华夏儿女，见证了中华民族的成长，孕育和传承了灿烂辉煌的华夏文明。不仅如此，河流和海洋对于文明的传播也有重要的影响。

中国的海岸线长达 1.8 万公里，位居世界第四，而勤劳勇敢的中国人在利用海洋进行文化对外交流和传播的历史由来已久，自古以来，中国就是一个航海大国。据考古学家的发现表明，台湾岛、大洋洲甚至厄瓜多尔等地都曾出现过中国船队的印记，很多中国大陆新石器时代的物品都相继被发现，由此可见，古代中国人很早就开始依靠河流和海洋开启文化对外传播的进程。

秦朝时期，徐福带着三千童男童女东渡日本；汉朝时期，中国船队已经航行至今天的印度，建立了中国同罗马帝国之间的联系；唐朝时期，海上丝绸之路开通使得中国商船得以载着各种中国商品频繁来往于东亚、南亚甚至西亚和非洲地区；宋元时期，指南针得到广泛应用，中国的造船技术和航海技术也得到了大大提升；明朝时期，郑和七次下西洋，先后到达印度支那半岛、印度尼西亚的婆罗门洲、印度半岛以及阿拉伯半岛，后来还航行至非洲东岸的索马里，郑和船队的足迹遍及 30 多个国家和地区，不仅为中国的对外交流开辟新航线，也促进了中国与亚非各国之间友好关系的建立，向多个国家宣扬了中华民族博大精深的文化以及海纳百川的胸怀。

通过河流和海洋，我们的祖先得以航向到世界的其他地区，给其他国家的人民带去丰富的物产、先进的技术以及灿烂的文化，这种依靠河流和海洋来进行文化传播的方式是中国文化对外传播的重要途径之一。

二、移民

人是文化的载体，也是传播文化的媒介，因此，移民是文化对外传播的重要方式之一。移民，即人口在不同地区或者国家之间的迁移，它不仅是一种重要的人口地理现象，也是一种社会现象，同时还伴有文化传播现象。在移民活动发生的过程中，迁出人口会将迁出地的文化带入迁入地，有时还会引起迁入地经济、政治、社会等诸多方面的变化。

文化传播活动总是需要一定的媒介，移民一向都是文化对外传播活动中比较活跃的一个主体。纵观中国历史，其实也是一部移民史，自古以来，人口就不断地从先进的、发达的地区，流动到相对落后但自然条件允许的地区，然后通过生产活动带动当地的发展，同时也将文化传播到该地。所以，能够对于文化传播产生促进作用的一般都是自身文化素质较高的人，这类群体往往还有一定的经济或者政治优势来支持其移民行为。

以中国为例，在改革开放之后，出现了第一波移民的浪潮，这种移民行为主要发生于国内，人们开始大量地从相对落后的城市迁移至比较发达的沿海地区。随着改革开放的程度不断加深，中国同世界的联系更加紧密，中国的文化影响力在国际竞争中开始发挥优势，海外华人移民的数量开始增加。尽管这些移民对提高中国的国家形象、传播中国文化的影响力有限，作为中国与其他国家之间的重要桥梁，移民在对外传播中国文化方面，不仅有更多的优势，也发挥着一些其他文化传播方式难以达到的作用。

国家文化影响力的提高离不开文化的对外传播，由于复杂国际局势的影响，中国文化的对外传播有时会由于意识形态的差异而遇到一些阻碍，中国文化对外传播的过程中，也存在很多方面的不足，这对中国其他领域的对外交流也会产生一定的不利影响。而华人移民作为长期在海外生活的中国文化载体以及跨文化群体，在促进中国文化在外国的传播有很多方面的优势，尤其是随着中国海外移民数量的增加，更为中国文化的对外传播提供了优良的条件和资源，很多海外华人已经为中华文化的对外传播作出过杰出的贡献。所以，积极利用海外华人移民这个大群体来促进中国文化在海外的传播作为一种“民间化”的传播策略是十分有效的。

移民群体的产生是全球化的表现之一，也是世界各个地区经济发展不平衡的产物。而我国作为一个发展中国家，在经济实力上依然和一些发达国家存着一些差距，在人民的生活水平方面，也和一些国家有较大的差异，这也是导致海外华人移民数量增加的原因之一。不仅如此，随着中国对外交流的增强，海外华人移民的数量也在不断增加，已经成为东南亚地区海外移民的主要群体，并开始向全球各地扩散。

海外华人在国外定居之后，在其日常生产和生活的过程中，必然伴随着外国人之间的交流，这种小规模的跨文化交流活动其实就是文化之间的碰撞。随着海外华人影响力的增加，中国文化的影响力也会随之增加，并引起一部分当地人的注意，中国文化同样必定会以其独特的魅力吸引一部分外国人对中国文化产生兴趣。

例如近年来，中国文化在澳大利亚得到了较广范围的传播，海外华人群体的地位也得到了提升，这其实就是华人移民数量在澳大利亚不断增长的结果，也就是说，海外华人移民在澳大利亚的生活和发展对当地起到了一定的作用，促使中国文化得到了越来越多的认可。如今，汉语考试成绩已经成为澳大利亚高考的科目之一，而澳大利亚也是世界上第一个对中国传统中医进行合法地位认可的国家。

现在，随着中国教育事业的发展，人民的文化素质得到大大提高，很多海外华人移民都是受过高等教育且具备一定的经济能力技术移民，他们也是中国一门群体的主要组成部分。同以前的海外移民不同，新时期的移民群体和祖国的联系比较密切，对中国文化的人认同感比较深，很多人都对自己的祖国以及祖国的文化怀有深厚的情感，即使在国外生活很多年也依然心系祖国，对祖国文化的认同感也没有变。

随着科技特别是交通和通信技术的进步，这些往返于中国和外国的移民群体的数量大大增加，他们也都是持续受到中国文化影响的群体，总能够及时地吸收中国先进的文化信息和文化成果的人。得益于此，最近几年的海外移民都是促进中西方文化的交流，并且及时向外国展示中国最新文化成果的群体，随着他们向世界范围内各个国家的迁移，都为中国文化以移民作为媒介的传播提供了优势。

海外的华人移民往往还掌握了一定的资源，无论是在经济上还是在人际关系方面都有一定的基础，这也为其进行文化对外传播提供了一定的条件。一部分受过高等教育的海外华人群体，通过自己具备的资源和自身的不懈努力，往往有条件且愿意在国外为扩大本国文化的影响力而努力，这些群体内部也有较强的凝聚力。例如，一些海外华人移民以及其后代在经过多年的努力之后，在一定的范围内建立起了具有中国文化特色的华文传媒体系，该体系不仅可以弥补国内媒体在一些国家的缺失，还依靠已经出版的一些印刷媒体如日报、期刊等各类刊物，以及华语广播电台、电视台等各类媒体进行文化交流与传播。

除此之外，很多在海外生活和工作的文艺领域工作者也为中国文化的对外传播作出杰出的贡献，他们在文艺领域所进行的实践也是为中国文化走向世界提供了智力资源。例如，在2008年，北京奥运会开幕式上精彩的焰火表演，就是在20世纪80年代移居美国的海外华人艺术家蔡国强的指导下完成的，当时，全世界的观众都领略到了这场视觉盛宴的魅力，火药作为中国古代四大发明之一，在这场焰火表演中得到淋漓尽致的体现。

移民群体是文化传播的重要媒介，他们是连接中国和世界各个国家的一条纽带，更是中外文化交流的桥梁，在海外华人的群体中，也有越来越多的文化产业从业者，他们对于所在的移民国家的审美以及对中国文化的认识起着一定的塑造和提高作用，他们不断用自己的智慧和努力为中国文化打造更好更多的传播平台，他们为中国文化在海外的传播贡献了力量，也加强了中国文化在海外的吸引力，都有利于当代中国文化自身的不断进步，从而提高质量，增强其对外吸引力。通过他们对非华族群体的宣传，也更有利于加深后者对中国流行文化的了解。

生活在海外的华人艺术家也不断利用其自身的优势，创在出既符合西方文化价值观又体现中国文化特色的文化作品。海外华人移民以及其后代在观念上对中国文化强烈的认同感也能够一定程度上为中国文化产品和文化服务打开国外市场的大门。通过日常的交流、接触以及一些市场化营销手段，不仅可以大大促进流行文化传播效率的提高，也有利于让传播获得效益最大化的结果。其实，在今天中国文化逐步对外传播和推广的过程中，海外华人移民已经开始发挥着巨大的作用。

三、宗教传播

宗教传播是文化对外传播的又一个重要途径，宗教的传播往往就伴随着文化的传播。宗教文化是一个国家对外交流的重要载体，在国际交流的过程中，宗教可以成为不同国家之间情感交流、增进友谊的桥梁，以宗教为媒介进行文化传播，有时可以提高文化传播的效率，实现民族文化和宗教的双重传播。

印度的佛教、波斯的摩尼教，西亚的犹太教、阿拉伯的伊斯兰教以及欧洲的天主教、基督新教，都曾沿着“一带一路”传入中国。福建泉州是“海上丝绸之路”的起点，在当地，存在着大量的佛教、道教、伊斯兰教、摩尼教、天主教、基督新教、犹太教、印度教等各个教派的文物遗迹。

西汉时期，汉武帝派张骞出使西域，丝绸之路开始成为中西方贸易、文化、宗教的交流通道，丝绸、漆器、铸铁制品被传入西方以及宝马、歌舞、玛瑙被传入中国的同时，以佛教为中心的宗教文化也开始传入中国。“祖师西来”“西天取经”等词语不仅代表着佛教信仰的传播，也是西方文化思想和中国传统儒家文化碰撞的结果，这种文化之间的激荡，自汉至宋前后延续了一千多年之久。

意大利耶稣会传教士利玛窦是在中国进行西方天主教传播的开拓者之一，也是大量阅读和钻研中国文化典籍的西方学者，他以来自西方的“僧侣”身份，用汉语著述等手段进行宗教传播，还给当时的中国介绍了有关西方在天文学、数学和地理方面的成就。他广交中国官员和社会名流，不仅为中西方文化的交流作出了巨大的贡献，也对当时的日本和朝鲜半岛产生了一定的影响。后来，更对对中国文化有深厚兴趣的传教士来到中国，他们中的有些还成为近代西方汉学的创始人，有的人甚至成为在华传教运动的代表人物以及中国教会教育事业的创始人。

后来，到了晚清时期，大量的基督教传教士来到中国进行传教，他们在传播基督教的同时也成为中国文化对外传播的载体，在了解并接受了东方文化的熏陶之后，西方传教士继承了明清时期传教士学者的传统，将一些中国文化典籍进行译介，后带回了西方，促进了中国文化的对外传播。

中国文化一向秉着兼收并蓄的、海纳百川的胸怀，积极对外传播本国优秀文明成果的同时，也吸收着外来优秀的文明成果，例如佛教在船舶入中国时，曾经和中国主流儒家文化中的一些理念相悖，佛教文化倡导的“禁欲”就同儒家伦理纲常中有关“不孝有三，无后为大”等理念相悖，但是，当时依然出现了“儒、释、道”三教并行的繁荣局面，而随后的“鉴真东渡”有恰好在传播佛教文化的同时给日本带去了当时唐朝优秀的文化，在文学、医学、建筑、艺术等多个领域对日本社会产生了巨大的影响，是中国文化对外传播的一次典范。

中国文化的包容性来自中国五千多年的文化底蕴，也来自中国文化不断发展的自信。如今，随着“一带一路”战略的持续推进，在和外国进行经济交流的同时，也要加强文化建设，推动建立世界性文化交流平台，使中国文化在同其他民族文化交流互动的过程中获得新的养分，从而完成新一轮的文化升级。

此外，“海上丝绸之路”也是中国同其他国家进行宗教文化交流和传播的重要途径。通过海上丝绸之路，中国的茶叶、瓷器传入西方，而西方的香料和珠宝也开始传入中国，这不仅加强了中国同与地中海、波斯湾等地区的国家之间的商贸联系，也大大促进了其文化往来，而这种文化的交流也是通过宗教的传播而实现的。

例如在公元 7 世纪的中期，伊斯兰教开始自西亚传入中国，随后，经过唐、宋、元三个时期的传播、演变和发展，逐渐成为了带有中国本土特色和地域特点的伊斯兰教体系。

唐朝永徽二年（公元 651 年），伊斯兰教第三任哈里发奥斯曼首次派使节出使中国。来到当时唐朝的首都长安之后，使节晋见了唐高宗，随后向当时的朝廷介绍了伊斯兰教义以及阿拉伯国家统一的过程，这也是阿拉伯帝国首次派使节访华，对后来中国通阿拉伯国家之间在宗教、政治、经济和文化上的交流奠定了基础。后来，随着越来越多的穆斯林商人来到中国，伊斯兰教开始在中国的民间进行传播。

宗教的传播向来都和文化的传播分不开，也是文化传播的重要媒介。以佛教文化为主的“西竺”文化，就曾对中国的政治、伦理、哲学、艺术、文学科技、民俗等多个领域造成较大的影响。唐朝时期“儒、释、道”鼎力的局面，或多或少都对中国人的价值观念产生了影响。

如今，“一带一路”战略促进中国同沿线国家之间的经贸交流，也加强了中国文化的对外传播。通过“一带一路”战略，与中国进行经济合作、文化交流的国家也接受了很多中国的文化元素，许多中外文化相关的学术论著中都提到了这一点。

在“一带一路”文化交流背景之下，中国文化正展现出前所未有的包容力，中国文化对外传播的进程也在不断加快。中国文化向来不惧怕外来文化的“竞争”甚至“侵蚀”，而是依靠其强大的魅力和包容力最大限度地吸收外来文化中的有益成果，然后消化、融合外来文化，用“海纳百川”的胸怀来成就“有容乃大”的气魄，并生生不息地发展下去。

第六章
中国文化对外传播中的问题与对策

由于历史发展进程以及所处的地理环境的差异，不同民族之间的文化存在着较大的差异，世界文化不可避免地存在着多样性。但是，随着全球化的脚步不断前进，人类文明相互交流并逐渐趋于融合的趋势是不可避免的。中国文化有着五千多年的发展历史，一直都是中华民族前进的动力来源，更是世界文化宝库中璀璨的明星，对外传播中国优秀的文化，不仅是文化发展的不然要求，也是中国屹立于世界民族之林的有利保障。但是，在当前国际社会，各种意识形态相互激荡，不同文明之间的碰撞时有发生，中国文化在对外传播的过程中依然面临很多阻碍，特存在着很多的问题，而只有明确这些问题所在，然后用相应的对策去解决，才能让中华文明更好地走向世界。

第一节　中国文化对外传播的内容问题与对策

由于意识形态等方面的差异，一个国家的文化在传播到其他国家的过程中，总会由于文化的差异性而遇到一些阻碍，有时，本国优秀的文明成果在另一个国家可能就成了“糟粕”，或者很难被当地人所理解和接受。因此，在文化传播内容的选择方面，存在着很多值得考虑的地方。

一、中国文化对外传播的内容问题

对于中国来说，五千年的文明中包含了数不尽的优秀成果，在思想、文学、艺术、科技、医学等各个领域，中国人都凭借着自己的智慧和勤劳创造出了无数的奇迹。而到了现在，随着中国特色社会主义伟大实践的不断开展，中国文化也有了新的发展，“中国梦”“社会会主义核心价值观”等都是新时代中国文化的重要组成部分。因此，中国文化对外传播有着深厚的资源、底蕴和底气，文化自信的观念在越来越多人的心中树立了起来。

但是，不可否认的是，中国文化在对外传播的内容方面依然存在着一些不足，主要有以下三个方面，如图 6－1 所示。

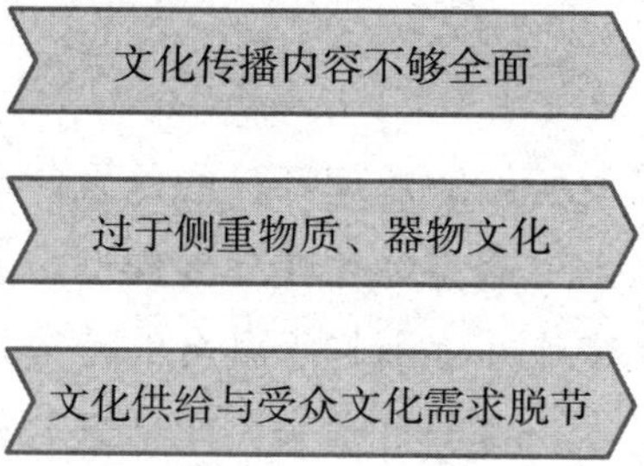

图 6－1　中国文化对外传播的内容问题

（一）注重传播传统文化，不够全面

一提起中国文化，很多外国人第一时间想到的都是中国功夫、长城、瓷器等，对中国文化有所了解的人可能还知道中国的书法、国画、戏剧等。但是，这个世界上也依然存在一些对中国尤其是现代中国完全不了解的人，在这些人的印象里，中国人依然是“长袍马褂小辫子”的形象，而中国社会也是一个贫穷落后的社会。

之所以会出现这样的误解，和中国文化对外传播的力度不够、内容过于单一有着密不可分的联系。中国传统文化经过几千年的发展，已经成为整个国家的精神土壤。正如“民族的才是世界的”这句话的内涵，能让中国文化在世界舞台闪耀独特光辉的正是独一无二的中国传统文化。儒家思想、四大发明、诗词国画等都是传统文化的代表，也是近年来中国文化对外传播的重点内容。但是，过于注重传统文化的对外发展，其实是导致文化对外传播内容单一，以及文化对外传播受阻的重要原因之一，这也是为什么很多外国人对于中国文化的印象依然停留在表面的原因。

但是，如今的中国早已经历了天翻地覆的变化，随着中国特色社会主义伟大实践的开展，中国的传统文化已经发展出了新的内容，而新时代背景下，中国文化也增添了很多新的内容，这些都是中国文化中的优秀成果，都应该成为文化对外传播的内容。

在世界经济、科技飞速发展的背景之下，如果在文化对外传播过程中依然只单纯侧重于传统文化的传播，那么必然会逐渐和世界文明脱节，或者在激烈的文化碰撞中被其他文明所淘汰。不仅如此，中国传统文化中存在的一些同西方价值观念不同的内容，这也是传统文化在一些国家得不到广泛传播的原因。

不可否认，中国传统文化中的很多内容已经成为中国的“名片”，很多“中国元素”都来自传统文化，而很多传统文化内容所带有的鲜明中国特色，给许多外国人都留下了深刻的印象。但是，时代是不断进步的，中国也在经历飞速的发展，中国文化除了博大精深的传统文化之外，还由独具时代特色的现代中国文化，在当代，也涌现出了大量的文学、艺术、科技等领域的工作者，他们都为丰富中国文化的时代内涵作出杰出的贡献，为国人和世界奉上了无数杰作，而这些恰巧是中国文化对外传播内容中比较缺失的部分。

所以，文化传播内容不够全面，传播内容过于注重传统文化是当下中国文化对外传播中的一大问题，需要用相应的策略加以解决。让独特的传统文化和现代文化发展的新内容一同成为对外传播的侧重点，让整个世界既能领略中国五千年悠久的历史文明，也能感受到现代中国快速的发展和在各方面取得的成就才是当代文化对外传播的必经之路。

（二）侧重物质、器物文化，不够多元

中国文化在对外传播的内容方面存在的第二个问题就是过于侧重物质文化，缺乏一定的多元性。举一个简单的例子，中国的万里长城作为世界文化遗产之一，每年都会吸引成千上万的外国游客来中国参观，但是，当外国游客在游览长城的过程中，往往只能注意到映入眼帘的壮观景色，在感叹长城的延绵不绝时，对于长城修建的历史背景、建筑结构以及对中国古代社会所产生的影响知之甚少。

此外，每年中国在世界各地所开展的文化交流活动中，古典艺术作品、手工业制品、古代文物等占了绝大多数，诚然，这些精美的器物侧面代表着中国辉煌的文化成就，展示出中国人在科技、手工业、文艺等领域的非凡成就和无穷的智慧，也给国外的观众带来了新鲜的感受。

在很多的外国博物馆中，都陈列着中国的文物，例如大英博物馆就是收藏

中国文物最多的博物馆，其收藏的文物不仅涉及各种艺术类别，也基本囊括了整个中国历史，各种青铜器、陶器、书画和玉器都吸引着各国游客的参观；在法国的枫丹白露宫，也收藏着大量圆明园中的文物，包括各种名画、金银首饰、瓷器、香炉、宝石和金银器，这些器物无疑不在诉说着中国灿烂的文化成就。

无论是那些由于历史原因所导致的被存方在外国博物馆里的文物，还是当代中国主动“送出去”的能代表文明成果的“奇珍异宝”，都反映出中国文化对外传播内容不够多元化，且过于注重物质、器物文化的不足，这同样会导致中国在文化对外传播过程中遇到一些阻碍或者“误解”。

文物古迹虽然凝结着人类的智慧和汗水，但终究只是文化的载体，那些经过几千年发展的中国文化思想是不能够通过器物完全地进行传达的，“天人合一”“中庸”“仁义礼智信”等文化精髓还需要进行更深层次的传播，例如随着孔子学院在世界各地的建立，中国思想文化的核心儒家文化得到了越来越多的关注，这种通过教育途径进行文化传播的方式就能比简单的器物展示更加深刻，因而也更能促进中国文化在对外传播内容方面的多元化发展。

所以，加强文化传播内容的多元化以及传播形式的多样化是很有必要的。在这个文化软实力愈发成为国际综合竞争力之一的今天，在把中国文化器物送出海外，或者吸引外国游客到中国旅游的同时，也要加强思想文化、科学技术等新时代文化内容的对外传播。

（三）文化供给与受众文化需求脱节

文化供给一定要和群众的文化需求相对接，这是发展文化事业、改善人民文化生活水平的重要前提，也是对外传播文化的重点考量。

自改革开放以来，中国的经济飞速发展，人民的物质生活水平有了巨大的提升。如今，随着中国特色社会主义事业的推进，中国已经进入了新的时代，在人民群众的总体生活水平基本达到小康的前提下，人民对精神文化生活提出了新的需求。但是，长期以来，中国的文化供给方式都比较的单一，往往不能满足人民群众多元丰富的文化需求，有些文化产品和文化服务不仅得不到社会的认可，还对资源造成了一定的浪费。因此，如何有效地进行文化供给与群众文化需求之间的匹配是现代文化事业发展的当务之急。

由此可见，实现文化供给与受众文化需求之间的匹配是非常重要的，这一道理也同样适用于中国文化对外传播的过程中。

从当前中国文化对外传播的现状来看，主要有两个特点，一是侧重于传统文化的传播，二是侧重于单纯的“器物展示”，对外传播内容不仅缺失了当代中国文化的新内容，也过于强调物质文化即“表层文化”的传播，这其实都是忽略了海外受众对中国文化需求的结果之一。

当前，中国作为一个跨苏和平崛起的国家，已经在世界上取得了瞩目的成就，中国文化已经开始走进更多外国人的视野，他们不仅对中国古老的历史感兴趣，同样对中国的发展现状、科技成就以及当代中国人在文艺领域的取得的成就感兴趣，例如上映于 2019 年的中国科幻巨制《流浪地球》，就在美国、澳大利亚等多个国家引起热议，受到了很多外国观众的好评，很多观众也感受到了中国影视业的进步，这其实就反映出外国受众对于中国文化的一部分需求。

由此可见，文化供给与受众文化需求的匹配，避免二者之间的脱节是很有必要的。了解外国受众对中国文化的需求，然后再根据这种实际需求来生产、传播和提供有针对性的文化产品和文化服务，坚持从实际出发才能更好地促进文化走向世界。

二、中国文化对外传播内容问题的对策

从中国文化对外传播现状中，可以总结出三方面的不足：第一，文化传播内容不够全满，过度注重传统文化的传播；第二，过于注重物质文化的传播，传播内容不够多元；第三，文化传播内容存在文化供给与文化受众需求脱节的现象。

根据这几方面的不足，接下来本文主要提出五种对策，如图 6—2 所示。

（一）既有传统文化形式，又有现代文明成果

无论是对于中国人来说，还是对于外国人来说，一提到中国文化，很多人想到的都是中国古代的一些文化成就，例如“四大发明”“四大名著”等，这其实是比较片面的一种想法。随着中国经济社会的发展，中国的文化也增添了很多新的、具有时代特色的内容，它们应该同中国的传统文化一起，传播到世界舞台上去。

民族的才是世界的，民族文化其实就相当于一个国家的名片，而传统文化又是整个民族文化中最具代表性的部分，因此应该积极地促进其对外传播。中

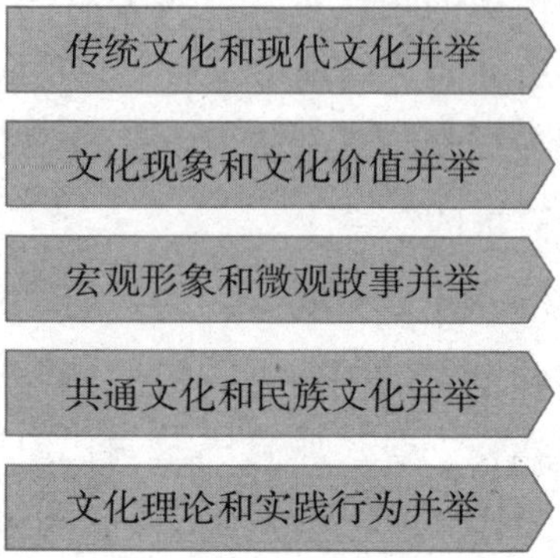

图 6—2　解决文化传播内容问题的对策

国传统文化种类丰富、博大精深，曾在整个世界处于领先地位，为推动人类末文明的发展作出了巨大的贡献，不仅如此，中国的优秀的传统文化一直都是中国人民奋斗的精神力量来源，也是现代文化发展的肥沃土壤，中国特色社会主义文化就源自中华民族五千多年历史所孕育的中华优秀传统文化。

所以，在推进中国文化走向世界的过程中，传统文化是主要的传播内容之一。与此同时，随着中国文化的不断发展，现代文明成果也应当成为文化对外传播的重点内容，从而实现“传统文化和现代文化并举”。

中国现代文明成果主要指的就是中国特色社会主义文化，这是江泽民在中国共产党第十五次代表大会上提出的。中国特色社会主义文化的主要内容源自中华民族五千多年的优秀成果，同时也因其深深根植于当代中国特色社会主义的伟大实践而带有鲜明的时代特征。中国特色社会主义文化是对当代我国社会、经济等各个领域的一种反映，同时又对经济和政治的发展起着积极的促进作用，建设中国特色社会主义文化就是要培养能够适应社会主义现代化要求的一代又一代有理想、有道德、有文化、有纪律的公民。

从文化对外传播的角度来说，促进中国现代文明优秀成果即中国特色社会主义文化的对外传播具有多方面的意义。首先，对外传播中国特色社会主义文化有利于建设一个社会主义文化强国；其次，有利于提升中国在国家社会的话语权，增强中国的文化软实力，从而逐步实现建设社会主义现代化强国的目标。

促进新时代中国特色社会主义文化的发展和对外传播，务必要遵循一定的原则，坚持一定的策略，尤其是在当前这个纷繁复杂的国际社会中，想要促进文化更好地走出去，就一定要在正确的领导和理论的指导之下开展文化对外传播工作。

首先，促进新时代中国特色社会主义文化的对外传播，最根本的就是要坚决坚持中国共产党的领导，因为中国共产党的领导是开展文化对外传播工作的保障，是国家文化发展事业的核心领导力；推动新时代中国特色社会主义文化走出去，还要抓住当前“一带一路”战略所带来的艰难的机遇，“一带一路”战略，不仅为中国经济的发展带来机遇，也为文化的对外传播提供了独特的历史性机遇，需要加以把握；最后，要创新新时代中国特色社会主义文化对传播的途径，促进其多途径传播，只有与时俱进，坚持创新精神，才能适应新时代下国内环境和外部国际环境的需求和变化，才能避免脱离实际，确保立足于国情和人民的文化生活需求，更好地推动中国文化走向世界大舞台。

中国特色社会主义文化是每一个华夏儿女不竭的精神力量来源，它经过几代人的阐述和丰富，已经成为整个中华民族最深沉的精神追求，反映出中国人民独特的精神标志，始终鼓励着所有华夏儿女为实现中华民族伟大复兴的中国梦而奋勇前进。

在新时代背景之下，想要促进文化的对外传播，就要坚持文化自信，把中国优秀传统文化和现代中国特色社会主义文化作为文化对外传播的主要内容，既向世界展现中国历史悠久的文明，也要让世界看到现在富强、自信的中国。

（二）既有表层文化现象，又有深层文化价值

文化是一个非常复杂而又宏观的概念，文化的结构不是单一的，而是多元的。文化结构往往是多种文化具体表现形式的有机联结体，它主要可以分为三个层面：第一，表层物质文化；第二，中层制度文化；第三，深层精神文化。

在文化结构中，第三层也就是最深层次的精神文化，是整个文化结构的核心内容，是最能反映出该文化特质的一个层次，这部分内容往往具有一定的稳定性，很难被改变。举一个简单的例子，儒家的思想文化在中国社会流传了几千年，被很多历代的统治者推崇为中国的正统文化思想，其核心内涵及其价值观如“仁、义、礼、智、信”在今天仍然是中国的主流价值观念。

文化的变迁往往是从表层开始的，然后是中层，最后才是深层次文化价值的改变。深层次文化价值的改变往往会反映在人们的价值观念上，这其实就是一种文化的变革。当人们的深层价值观念发生改变，又会引发中层、表层文化的变迁，这其实也说明表层文化总是带有深层文化价值的特征，是深层文化的

产物。

所以，总体来说，文化既包括表层文化现象，也包括深层文化价值。表层文化现象一般体现为人们的行为方式，例如日常的饮食起居、文化生活、艺术创作等，这些都属于表层文化现象的范畴。而深层的文化价值往往表现为人们内心的价值观念，为人处世的原则以及判断是非的标准，例如在西方的维多利亚文化中，各种华丽、规整的服装、戏剧、诗歌等文化表层现象的背后，其实恰巧反映出当时文化对人的个性的一种束缚，以及对完美荣誉的一种过度追求，这就是深层次的文化价值。

文化想要实现对外传播，就首先要获得来自外部的文化认同感，这种文化认同不仅是对于表层文化现象的认同，更应该体现在对深层次文化价值的认同，这就对文化对外传播提出了一定的要求：在文化对外传播的内容中，既要有表层文化现象的传播，又有深层的文化价值的传播。

当前，中国文化对外传播在内容方面就存在着这样一个问题：只注重表层文化现象的传播，对于深层次文化价值的传播力度上还有欠缺，这其实也是当前中国文化对外传播受到一定阻碍的原因之一。

人们对一种文化，尤其对某种外来文化的认同感绝不是仅仅依靠一些表层的文化现象就能培养出来的，所以，在文化对外传播的过程中，只注重表层文化现象的传播和展示是远远不够的，只有加强对深层次文化价值的传播和熏陶，才能让外国人对中国文化产生一定的认同感，才能真正感受到中华文化的魅力，才有利于我国文化实现真正意义上的“走进去”。

所以，在成就中国优秀传统文化和中国特色社会主义文化对外传播的过程中，不仅要向世界展示文学、艺术、科技等物质文化层面的种种成就，还要积极传播优秀的价值观念，把例如“仁、义、礼、智、信”等深层次的文明成果通过多种途径传播出去，让更多的人对中国文化的内涵产生认同感，从而实现深层次文化价值的传播。

（三）既有宏观国家形象，又有微观百姓故事

文化对外传播不仅仅是国家发展战略的要求，它其实还是每个公民的义务，和每个人的生活都息息相关。文化对外传播也不仅仅是国家层面上，对于整体国家形象在国际社会的树立，它其实也包括每一个中国人个体精神风貌的展示。

在当代，一个国家的宏观形象不仅是该国综合国力的一种体现，也是其文

化软实力的一种反映。随着中国经济的发展和国际地位的提高，中国在国际社会的形象已经有了较大的提升，一个爱好和平、强大自信的中国形象已经在国际社会树立。

从文化对外传播的角度来说，在传播内容方面，当前，存在着只注重宏观国家形象的传播而忽略微观百姓故事的弊端，也就是说，在文化对外传播的内容方面，对于整体的国家发展成就，特别是文学、科技、艺术领域成就的宣传，已经取得了较大的进步；而对于中国百姓的一些民间文化故事和文化成就的对外传播力度则相对较小，导致“重宏观，轻微观”的现象出现。

相比于国家宏观层面的文化传播工作，以不同百姓为主体的微观人际传播处于劣势，但是，很多时候，微观的个体形象能够反映出宏观的管家形象，微观个体其实也应该成为文化传播的主力。当前，以普通百姓故事为内容的文化传播活动较少，这对于文化“走出去”战略的推进是不利的。

艺术来自人民，艺术源自生活，人民群众的生产和生活就是艺术创作最丰厚的土壤。同样的，文化也来自人民，文化对外传不仅依靠国家，也要依靠人民，文化对外传播的内容不仅要有国家的整体形象，也要有微观的百姓故事，不仅有国家文化部门、组织的参与，也要有民间文艺创作者的参与。

因此，在文化对外传播的过程中，除了国家层面的文化领域交流，还要打造更多的平台，为民间的艺术交流提供更多的机会，让那些真切反映当代中国百姓生活以及大众文化成就的作品走出国门，让外国人看到中国崛起的同时，也看到中国百姓的丰富文化生活，感受中国人在文化领域的创造力，用更多的微观百姓故事向世界传递中国文化。

文化属于人民，文化来自人民，中国人在生产和生活中创造出了无数经典的文艺作品，例如很多家喻户晓、脍炙人口的戏剧、文学作品、诗词等都来自普通的百姓。中国作为一个统一的多民族国家，一些地区的地方文化更是已经发展成为享誉全国的地方特色，海派文化、吴越文化、齐鲁文化等带有地方色彩的文化都应该成为中国文化对外传播的内容，都是向世界展示中国人精神风貌的载体。

既讲好中国的宏观故事，也讲好中国人的微观故事，中国文化才能更好地传播出去，世界才能认识一个更加立体、饱满的中国。

（四）既有共通文化内涵，又要民族文化个性

世界文化既有多样性，也存在一定的共通性，文化的对外传播要坚持共同性和民族性的统一，这是实现文化走出去的必要前提，也是避免文化冲突，促进世界文化繁荣发展的必然要求之一。

文化源自人们生产生活的实践，所以，文化的共通性来自人类共同的实践活动，而文化之间又存在着差异性，文化的多样性和差异性就来自人类实践活动的差异性，这种差异性往往是不同民族的生存环境、生产活动以及各种交往活动的差异性而造成的。随着全球化脚步的不断加快，各民族之间的文化交流日益密切，世界民族文化伴有大融合的发展趋势。

虽然不同民族在文化方面存在差异，文化角力过程中也市场伴有一些不可避免的冲突，但是从整体的角度来说，世界文化在内涵方面存在着一些共通之处。

文化内涵的共通性其实就是一些存在于多种不同文化中的相似特质，为处于多种不同文化之中的人所认可。从人类实践活动的角度来看，不同文化存在一定的共通之处，无论一个民族生存于何种环境之中，其创造的文化总是和其他民族的文化存在一定的相似之处，例如，任何一个民族的文化都根植于该民族的生产生活等活动，任何民族都有自己的法律规范、宗教信仰、审美观点和风俗习惯等。

把所有民族的文化汇总起来可以主要分为五大类：采集、渔猎文化；畜牧文化；农耕、养殖文化；工业文化；信息文化。每个民族的文化发展进程基本都要经历这五种类型。此外，不同民族文化的共通性还体现在艺术、体育等领域，例如音乐、绘画、舞蹈、体育运动等，例如每四年一届的奥林匹克运动会，作为全人类的体育盛宴，能够成为整个世界的关注焦点，奥运会的各项赛事能够把所有人注意力凝结在一起。

体育赛事的国际化发展就是文化共通性的一个重要表现，在奥运会的各项目比赛过程中来自不同国家的运动员以及世界各地的观众都接受统一的比赛规则和比赛流程，不同民族的人们在饮食、服装、语言等方面也能够产生共鸣，例如英语作为国际社会通用语言，已经是很多国家的第二语言，中国也早已把英语教学纳入教育体系。英语的广泛使用其实就是文化共通性的一种体现。

因此，从文化对外传播内容的角度来说，一定要有各民族共通的文化内涵，

即那些可以被其他民族文化环境中的个体所接受的文化内容，这是保证文化对外传播道理畅通以及培养外国受众对中国文化认同感的必要前提，也是避免发生文化冲突或者误解的必然要求。

此外，民族的才是世界的，文化对外传播的内容除了要包括共通的文化内涵之外，还要有民族文化的个性，要做到“既要有民族的，也有世界的”。中华民族经历了几千年的发展，沉淀出了一无二的民族文化，在文学、艺术、科技等领域都创造出了大量带有民族色彩的作品，中华民族的文化成就已经成为中国国际影响力的一部分，对国家形象的塑造起着积极的作用。因此，在文化对外传播内容的选择上，要以民族优秀文化为主要内容。

综上所述，在文化对外传播的内容选择方面，既要包括共通的文化内涵，也要保持自己的民族本色，二者缺一不可。

（五）既有文化理论成果，又有实践行为变化

想要促进中国文化的对外传播，提高中国文化的对外影响力，关键就在于文化成果。中国文化事业发展说清楚的成果不仅有理论上，也有实践上的。从文化对外传播内容的角度来说，不仅要有最新的理论成果，同时也要包括实践行为上的内容。

如今，中国在国际社会发挥着越来越重要的作用，“中国力量”和“中国声音”已经得到了很多国家的认可。与此同时，不可否认的一个事实就是，在当今世界格局中，我国的文化地位和经济地位相比，仍然存在着一定的劣势，中国的文化地位与经济之间存在一定的差距，而中国文化的世界影响力同中国经济在世界影响力相比还比较微弱。

近年来，随着中国特色社会主义伟大实践的开展，中国特色社会主义文化也取得了大量的理论成果，这些理论成果一直为我国现代化事业的推进提供着不竭的精神动力。自十八大以来，中国共产党在带领人民进行中国特色社会主义事业建设的过程中，提出了增强国家文化软实力、解放和发展文化生产力以及建设社会主义价值体系、坚持中国特色社会主义文化发展道路等重要理论，这些都是建设文化强国的重要理论指导，也是中国文文化最新的理论发展成果。

从文化对外传播内容的角度来看，中国特色社会主义文化的最新理论成果不仅是当代中国特色社会主义伟大实践的反映，更是中国向世界展示中国最新文化成就、提高中国文化影响力、增强中国在国家社会话语权的有力理论支撑，应当成为文化对外传播的重点内容。

除了中国特色社会主义文化最新理论成果之外，文化对外传播在内容方面还要包括实践行为上的变化，这包括两层含义，一是要在文化传播的过程中积极创新传播的方式，改变当前文化传播活动中的不合理之处，二是从才能内容上来说，要增添一些中国特色社会主义伟大实践的最新成果，做到“既有文化理论成果，又有实践行为变化”。

一个民族想要提高其文化在世界范围内的影响力，往往要综合考虑各种因素的影响，经济实力的提升并不意味着文化软实力的提升，文化对外传播的进程也不会因为经济实力的增强而随之发展。所以，想要提升中国文化的世界影响力，就要做到“理论和实践相结合”，既传播先进的文化理论成果，同时也要在传播方式上有所创新，要依据外部环境和一定的科学技术的支持，创新传播方式，向世界展示中国特色社会主义伟大实践的最近成果。

因此，要推动中国文化走出去，首先要扎根于人民群众的伟大实践，从实践中提取优秀的文化成果，其次还要做好顶层设计，要积极传播那些受到广泛认可的中国特色社会主义文化的优秀理论成果。在推动文化对外传播的过程中，要向世界展示能够代表中国的文化理论，增强中国文化的国际影响力。

第二节　中国文化对外传播的文化自信问题与对策

文化自信是近年来党和政府对于我国文化事业的发展提出的一个重要原则，中国作为一个有着五千年文明的文化大国，有理由也有底气树立坚定的文化自信，但是随着社会经济的发展，以及中国同外部世界联系的加强，一些错误的价值观以及一些文化“糟粕”也对一部分中国人对待本土文化的态度产生了影响，需要引起重视。

一、中国文化对外传播的文化自信问题

一个民族对于其文化态度往往关系到这个民族文化发展的未来，不同的人对本民族的文化往往有不同的看法，但是总体来说，对于文化的态度可以分为

两种，如图 6－3 所示。

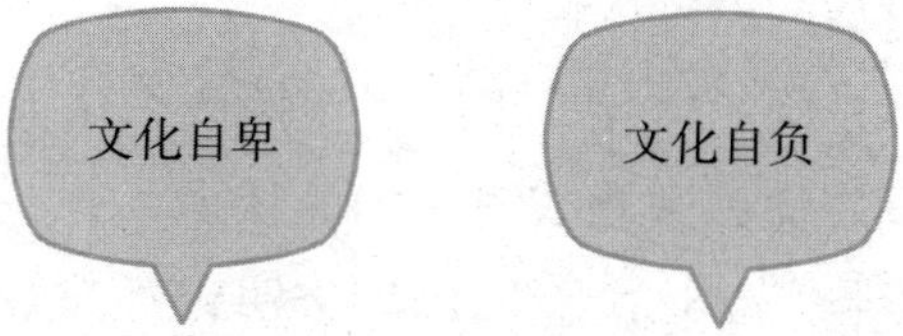

图 6－3　文化态度

（一）文化自卑

文化自卑，即一种对本民族文化不自信，且盲目追捧、追求外国文化的一种心态。例如把中国的某某城市打造成“中国的巴黎”“中国的纽约”等，这就是文化自卑的一种表现。

中国作为四大文明古国之一，在文化方面也曾领先整个世界，一代又一代的华夏儿女曾经在诸多领域创造出大量优秀的文明成果，中华文化也一直都是整个世界文化的重要组成部分，始终屹立在世界文明之林。所以，每一个中国人都有充分的底气来为中国文化感到骄傲和自豪。

但是，不可否认的是，当前也有一部分人存在着文化自卑的心理，这和我国的历史发展进程有一定的关系。

近代时期，中国社会不断遭受帝国主义国家的侵略，当时落后、腐朽的封建统治和封建文化曾让整个国家陷入民族危亡之际。后来，到了五四运动时期，人们开始反思就得封建文化，很多人对中国的传统文化提出了质疑。到了 20 世纪 30 年代，甚至出现了“少年皆骂孔子、毁六经”等现象，出现了“欧美学风，渐以东被，三尺学童皆有菲薄儒术、图弃经传之思”的局面。

但这其实是一种不正确的态度，对于中国的传统文化应当坚持“取其精华，去其糟粕”的态度，不可“全盘吸收”，也不可“一棒子打死”，对于优秀的传统文化应当采取继承和发扬的策略，而对于属于“糟粕”的腐朽的、落后的内容，应当予以摒弃，这才是对待传统文化的正确态度。

如今，虽然中国已经在各个领域取得了举世瞩目的发展成就，但在文化事业的推进方面仍然存在不足，在这个文化越来越成为国家综合竞争力之一的时代，各种文化相互激荡，我国文化积极走向世界的同时，各种外来文化也对我国的文化产生了一定的影响甚至冲击，例如现在，在部分年轻人群体中，存在很多的“哈韩族”和“哈日族”，这一方面是文化交流、碰撞的结果，从另一方面来讲，也是文化不自信的一种体现。

文化自卑是一种不正确的文化态度，对本民族文化抱有文化自卑心理的人一方面是由于其对本民族优秀文化缺乏正确的认识，另一方面是由于受到了不正确的文化价值观的影响。在这个不同民族文明相互交融的时代，文化自卑心理会导致民族文化的倒退，不仅会导致优秀文明成果的衰落，还会造成文化对外传播受阻的局面产生，长期下去，民族文化就会被世界上的其他文化所吞并，从而走向消亡。

中国文化曾长期处于世界领先地位，尽管在近代时期中国的文化受到了外来文化的强烈冲击，但是那些优秀的文化成果一直屹立不倒，一直都是所有华夏儿女前进奋斗的不竭动力来源。今天，随着中国社会的不断发展，每一个中国人都应该对自己的文化传统、文化价值充满自信和自豪。

（二）文化自负

文化自负，同文化自卑的内涵相反，是一种盲目的、过度的文化自信态度，是一种以自我为中心，对任何外来文化都加以否定的态度，这种文化心理也是不正确的，需要加以纠正。

的确，中国曾经是世界上最富强的国家，中国文化曾经长期领先于整个世界，勤劳智慧的中国人曾给整个世界奉上大量优秀的文明成果，“四大发明”“四大名著”等享誉整个世界的文明成就给人类文明的进步做出过巨大的贡献。每一个中华儿女都有理由为自己的民族文化感到自豪。

党的十八大以来，树立文化自信已经成为促进文化事业发展的原则之一，不仅有利于中国特色社会主义文化的建设，也有利于中国文化的对外传播。优秀的中国文化，强大和谐的国家以及每一个中国人的智慧都是我们树立文化自信的强大底气，是文化自信的源泉。

但是，我们也要意识到，文化自信并不等于文化自负，这是完全不同的两种概念，“天朝上国”的观念是不可取的，如果对于本国的文化抱有盲目的自负态度，而对待外来的优秀文明成果采取视而不见甚至排斥、抵制的态度，只会导致文化封闭、文化落后的局面，中国文化的“走出去”只会成为一纸空谈。

中国文化虽然有着几千年的发展历史，但并不意味着中国文化就已经是一个完美的、不需要做出任何改变的文化，文化是随着时代的变化而不断丰富的，是随着人们生产生活的实践而不断进步的，在这个各种文化相互碰撞、相互激荡的时代，故步自封智慧导致落后，开放包容才能实现文化的繁荣发展。

中国文化从来都不是一种强势的文化，相反，中国文化一直都有海纳百川、兼收并蓄的胸怀，在对外带来外化上，中国文化也有能力在保持本色不变的基础上，吸收那些有益的外来文明成果，做到“以我为主，为我所用”。

因此，文化自信不意味着文化自负，每一个中国人都应该对中华文化抱有坚定的自信，自觉继承和弘扬优秀的传统文化，坚决抵制落后、腐朽的文化，在对待外来文化方面，也要有辨别是非的能力，对于优秀的外来文明成果要加以学习，而对于错误的、腐朽的外来文化入侵要坚决抵制。

二、中国文化对外传播文化自信问题的对策

想要从文化对外传播的角度树立坚定的文化自信，彻底摆脱文化自卑和文化自负的心理，就要做到以下三点，如图 6－4 所示。

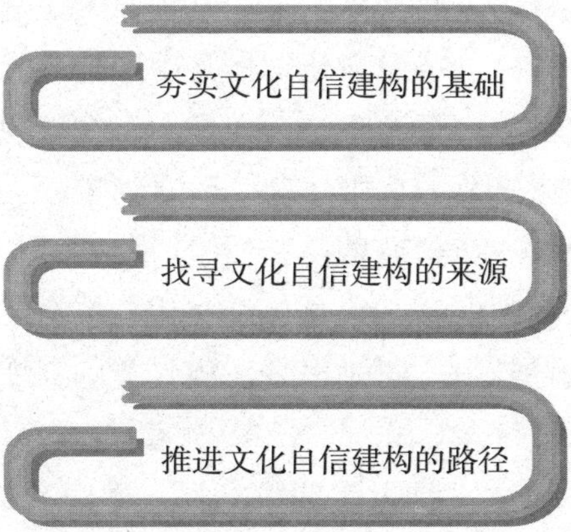

图 6－4　中国文化对外传播文化自信问题的对策

（一）夯实文化自信建构的基础

中国文化自信的基础就是中国特色社会主义文化，想要在文化对外传播的过程中坚定文化自信，就要夯实中国特色社会主义文化的基础。

党的十九大报告指出：文化是国家和民族的灵魂，文化强，则民族强，文化的繁荣兴盛离不开文化的高度自信，而中华民族的伟大复兴也离不开中国文

化的繁荣发展。文化自信是中华民族发展的不竭力量来源，是一种深沉、持久的动力。党的十九大报告明确提出“中国特社会主文化是文化自信的基础”，所以，在促进文化对外传播的过程中，务必要夯实这一基础。

中国特色社会主义文化主要由三大部分构成：一是源自中国五千年文明的中华优秀传统文化：二是党领导人民在革命、建设、改革的过程中所创造出的优秀的革命文化；三是深深植根于中国特色社会主义伟大实践的社会主义先进文化。

首先，根植于中国五千年文明的优秀传统文化是重中华民族发展的灵魂和根基。中国传统文化中有关“和”的思想也充分反映在了中国文化的发展进程之中，“以和为贵”“协和万邦”“和而不同”“天人合一”的思想传统反映在文化领域就是文化的包容性，这种海纳百川的包容性也是中华文明能都够在整个世界延续几千年的重要原因之一。所以，在向国际社会传播中国文化的过程中，我们要树立文化自觉和自信，向世界展示中国文化的风采魅力，让中国文化在世界范围内获得理解和认同。

革命文化是民族精神的重要载体，是在党领导人民进行伟大的革命、建设以及改革的过程中所孕育的，革命文化同样是中国特色社会主义文化的重要组成部分，是树立文化自信的力量源泉之一，是中国在近现代变革和发展主要的精神引导，更是中华民族气节的集中体现。回看党带领人民所创造的波澜社阔的革命史，“井冈山精神”“西柏坡精神”“长征精神”“延安精神”等直到今天依然是中华民族宝贵的精神财富，也是传统文化与革命实践相结合的产物，不仅承载着中华文化的独特魅力，同时也是民族气节的高度凝聚，是中国特色社会主义文化的财富。

随着中国特色社会会主义伟大实践的开展，中国社会发展进入新的时代，在这样的背景之下，只有坚持道路自信、理论自信、制度自信和文化自信，才能实现中华民族伟大复兴的中国梦。而坚持文化自信，坚持发展中国特色社会主义文化，才能在推动文化对外传播过程中，夯实文化自信建构的基础，更好地让中国文化走向更广阔的世界舞台。

（二）找寻文化自信建构的来源

树立文化自信需要一定的精神动力来源，从我国文化的基本特点和发展现状来看，文化自信主要来自三大源泉，即中华优秀传统文化、革命文化以及社会主义先进文化，这三者也都是中国特色社会主义文化的重要组成部分。

文化是民族前进的灵魂动力，民族的进步离不开文化的兴盛，繁荣的文化是国家发展的重要支撑。中华优秀传统文化、革命文化以及社会主义这三者共同组成每一个中国人树立文化自信的来源，从文化对外传播的角度来说，找寻文化自信建构的来源，就必须扎根于这三者，想要树立文化自信，也要深刻把握好这三大源泉，这是推动中国文化走出去的有力保障。

首先，中华民族优秀的传统文化是树立文化自信的根本来源，经过几千年的沉淀，优秀的传统文化已经成为中国文化的独特优势，是打造文化软实力的深厚土壤。作为唯一一个从未中断的文明，中华文化在时间跨度、文化内涵以及文化价值上都有一定的优势，博大精深的中华优秀传统文化具备跨越国度、超越时空的能力，对整个人类文明产生深刻的影响。

正如马克思所说："火药、指南针、印刷术，这是预告资产阶级社会到来的三大发明。"中华优秀传统文化有着海纳百川、兼收并蓄的胸襟，历久弥新、生生不息，其中所蕴含的人文精神、哲学思想以及道德理念等，在今天，依然是当代人奋斗的精神力量来源，是我国的独特优势，是开展中国特色社会主义伟大实践的坚强后盾。

想要树立坚定的文化自信，就必须寻找文化自信建构的来源，就是要坚定地继承和弘扬中国优秀的传统文化。要从优秀的传统文化中汲取养分，把优秀文化的基因同新时代文化相匹配，与构建和谐社会相协调，要和以人为本、诚实守信、仁爱大同的社会主义核心价值观相结合，把积极弘扬、践行社会主义核心价值观作为切入点，推动传统文化的创新型转换和发展。

革命文化同样是树立文化自信的来源之一。革命文化是近代以来，党领导人民在反击西方帝国主义列强的侵略、争取民族解放和国家独立的伟大斗争中沉淀出来的，这种伟大的革命传统和革命精神直到今天依然能够为所有中华儿女带来奋斗拼搏的动力。中国的近代史是一段屈辱的历史，但同时也是不屈不挠的中国人进行探索和斗争的历史，自从鸦片战争中国的国门被迫打开以来，各种内忧外患使得中国陷入水深火热的民族危亡之际，腐朽、落后的清政府，残暴的西方殖民主义国家，使中国逐渐沦为了一个半殖民地半封建社会。

在这危机时刻，不甘忍受宰割的中国人开始觉醒，无数有志之士开始走上了探索救亡图存的道路。随着农民起义的爆发、君主立宪制的提出以及资产阶级民主共和制等方案的失败尝试之后，中国人的思想得到了极大地解放和升华，尽管经历了多次失败的打击，但不屈不挠的中华民族仍然不懈地探寻救国道路。

终于，十月革命一声炮响，马克思列宁主义开始传入中国，随着中国共产党的成立，整个中国的革命面貌焕然一新。自 1921 年起，中国共产党领导中国人民进行了 28 年的艰苦奋战，在这个漫长艰难的抗争过程中，孕育出了一系列伟大的革命精神。

依靠群众、实事求是、坚定信念、艰苦奋斗的井冈山精神让中国人创出了一条适合中国国情的革命道路；两万五千里的长征，不仅完成了战略大转移，保存了实力，更沉淀出了伟大而又永恒的长征精神，反映出党人和人民军队自强不息的革命风范和民族风格；抗日战争让中国人彻底摆脱帝国主义的摧残，赢得近代以来中国抗击外敌的第一次伟大胜利，也孕育出了振奋人心的抗战精神，每一个中国人都展现出了“天下兴亡、匹夫有责”的英雄气概以及“视死如归、宁死不屈”的民族气节，此外，还有“延安精神”“西柏坡精神”等，都早已成为革命文化不可分割的重要组成部分。

最后，社会主义先进文化同样是树立文化自信的重要来源。社会主义先进文化是在中国共产党带领人民进行伟大的中国特色社会主义建设过程中而取得的精神成就，带有一定的时代价值。社会主义核心价值体系同社会主义核心价值观一起共同组成了社会主义先进文化的精华，指引着中国特色社会主义建设的努力方向。

马克思主义是社会主义先进文化的精髓，有着强大的生命力。马克思主义的科学理论不断指导着党带领人民进行社会主义先进文化的建设，树立社会主义先进文化的自信就来自马克思主义指导理论的真理性。在马克思列宁主义、毛泽东思想和中国特色社会主义理论体系指导之下，社会主义先进文化始终为树立文化自信提供源源不断的精神动力。

随着中国经济社会的发展，社会主义先进文化被赋予鲜明的时代特色，即以爱国主义为核心的民族精神、以改革创新为核心的时代精神，二者都具有强大的感召力，是每一个中华儿女锐意进取的不竭精神力量来源。伟大的民族精神和时代精神都是中国特色社会主义事业向前发展的强大精神动力，更是社会主义先进文化的时代特色，是树立文化自信的来源。

（三）推进文化自信建构的路径

优秀的中华民族传统文化、革命文化以及社会主义先进文化都是我们树立坚定文化自信的基础和来源，在明确了这三大源泉之后，如何推进文化自信建构的路径也是关键。

根据当前我国的基本国情、我国文化的发展特点、人民群众的文化生活需求以及国际社会大环境等内外部因素，推进文化自信建构的路径就要做到两点：第一，承认世界文化的多样性，促进文化大发展、大繁荣；第二，增强中国文化的包容力，加强跨文化交流与传播，增加中国化在世界上的认同感。

多样性是世界文化的最显著特征之一，要在文化对外传播的过程中树立坚定的文化自信，就首先要承认文化的多样性，要用海纳百川的胸怀，接纳不同的文明，吸收外来文化中有益的文明成果，做到“以我为主，为我所用”，在加强跨文化交流与传播的过程中，提升中国文化在世界范围内的影响力和认同感，积极为整个人类文明的进步做贡献，促进世界文化的大发展、繁荣。

在世界范围内，不存在哪两种文明是完全相同的，不同民族的文化在碰撞和交流的过程中难免会产生误解，有时甚至爆发冲突，但总体来说，世界文明的发展趋势是互学互鉴和相互融合。文化是国与国之间沟通的重要桥梁，在当代国际社会中，文化交往是国际交往不可或缺的一部分，具有不可替代的作用。当今，文化主要分为东方文化和西方文化这两个大的类别，而这两种文明之下的各个国家又有着自己特别的民族文化，国家之间也存在着发展程度上的差距。所以，早国家交往的过程中，文化分歧甚至文化冲突是在所难免的。

对于中国文化的对外传播来说，本着包容互鉴、求同存异的心态才是促进文化更好地走出去的途径。在当今这个复杂而又多元的世界中，我们首先要对本民族的文化抱有坚定的信心，坚决避免文化自卑或者文化自负等不正确心理，在承认文化差异性的前提之下，积极开展多途径的文化交流，肩负起促进世界文化大发展、大繁荣的使命，积极吸收外来优秀的文化成果，丰富我国的文化内容，加强国际合作，同世界各国一起，承担起文化领域共同的责任。

要在文化对外传播的过程中树立坚定的文化自信，就要清楚地认识到文化多样性和文化差异性的存在，要在文化交流的过程中本着求同存异的心态，积极消除隔阂，增进相互理解，互学互鉴，促进有效文化交流活动的开展，与世界各国一起共同促进人类文化的融合和发展，共同建设一个更加文明、和谐的世界。

我国是当今世界上最大的发展中国家，经济实力、军事实力等综合国力提升的同时，文化软实力也要相应地提升，只有这样才能增强中国在国际社会的话语权，才能提高中国文化在世界范围内的影响力，让更多的人对中国文化产生兴趣和强烈的认同感。

在推动中国文化对外传播的过程中，要抱着持之以恒、有的放矢的良好心态，增强中外文化对外交流，促进中国文化不断发挥其水滴石穿、潜移默化的作用，消除某些国家对于中国文化和中国意识形态的偏见和误解，让中国文化更好地促进整个世界的和谐和繁荣发展，这也是我国作为负责任大国的应有担当。

第三节　中国文化对外传播的话语权问题与对策

话语权对于一个国家的发展以及在国际社会中的地位是非常重要的，尤其在当今风云变幻的国际社会，每个国家都在积极争夺话语权，力求输出本国的价值观念，并以此来曾强本国的影响力。中国一直坚持走和平发展的道路，在文化对外传播的过程中，也存在着话语权发明的问题。

一、中国文化对外传播的话语权问题

话语权，通俗来说就是一种发表意见的权力，根据主体的差异可以将话语权划分为个人话语权、群体话语权、国家话语权、民族话语权等。话语权也是一种影响力的体现，拥有较强话语权的信息传播主体往往具有较强的现实影响力。

文化是一个综合性的概念，它是人类在知识、法律、艺术、道德、习俗等方面的综合体，一般带有共享性的特点。从整个人类文化的发展进程来看，文化不仅有稳定性特征也具有流传性特征。文化能够塑造在一定环境之内，一个群体的思维方式和生产生活方式，文化对人类社会的影响是非常深远的。

“话语即权力”，话语从来都不是简单的文字符号，而是带有一定权力性的，

从国家的角度来说，一个国家的话语权往往和这个国家的综合实力和国际地位有关，实力越强，在国际社会中就会拥有更多的话语权，这就是所谓的国际话语权。掌握国际话语权的国家通常更具有主动性，可以对国际社会中各个方面的事务制定一定的规则和标准，还可以从其自己的利益出发，对某些国际事性的重大事件进行裁决。

国家是国际社会中的主要成员个体，从本质上来说，国家的意志和活动是由这个国家统治阶级的人来主导和开展的，因而体现出各自的国家利益。文化作为塑造民族性格的重要因素，对于国家在国际事务中的行为发挥着重要影响作用，文化也会体现在不同国家的行为中。

在国际舞台上，每个国家的行为都出自本国的利益，都体现着为本国的文化，任何一个国家的行为和对待国际事务的态度都有其自身的文化根源，所以，文化在一国制定各种对外政策中有着重要的影响作用，对一个国家开展的外交活动也会产生影响。

从文化传播的角度来说，促进文化自世界范围内的传播，推动本国文化同外国文化的融合，可以在增强文化认同感和文化影响力的同时，提升本国在国际上的地位和话语权，从而影响另一个国家各方面政策的制定，所以，文化对外传播的话语权问题是非常重要的。

在中国文化对外传播的话语权方面，主要存在两方面的问题，如图 6—5 所示。

图 6—5　中国文化对外传播的话语权问题

（一）话语体系问题

话语体系，即思想对外的一种表达形式，是一个国家在国际社会上影响力的重要表现之一。中国共产党历来都非常重视话语权的作用，毛泽东同志就曾说过：凡是要推翻一个政权，总要先造成舆论，总要先做意识形态方面的工作。邓小平同志曾强调：必须大力加强党对思想战线的领导。

的确，如果一个国家在国际社会上拥有较强的话语权，就可以一定程度上引导舆论，维护国家的利益。话语权的作用是非常重要的，例如在 2008 年，有关北京奥运圣火在境外传递以及汶川大地震等事件的报道过程中，我党积极总结经验和教训，对外改进宣传报道工作，积极扩大中国在国际社会的话语权，争取把握导向、先声夺人的机会，积极引导国际舆论，从而使当时的汶川大地震灾情获得了国际社会广泛的关注和同情，也大大提升了中国人民的形象，党和政府为人民服务的宗旨以及在处理重大突发事件方面的能力都得到国际舆论赞誉，即使但是存在着一些抵制北京奥运的丑恶舆论不断在国际社会兴风作浪，也终究无法改变国际舆论的总格局。

因此，掌握话语权，打造话语体系对一个国家的生存和发展是非常重要的。从中国文化对外传播的角度来说，想要提高中国文化的对外影响力，增强中国文化在国际社会的认同感，就一定要为中国文化争取有利的国际舆论，要把握一定的话语权和主导权。其实，国家各方面的发展都为树立中国在国际社会的良好形象奠定了基础，都是为中国文化的对外传播争取更多的话语权。

在当今这个纷繁复杂的国际社会，各种思想文化之间碰撞和交融日趋频繁，每个国家都在力争为本国谋取各种政治利益、经济利益以及文化利益，都在争夺各方面的话语权，这也导致一些错综复杂的矛盾相互交织，意识形态领域内斗争变得越来越激烈，中国作为一个和平崛起的大国，在掌握话语权，促进文化走出去方面也面临着艰巨的任务和责任。

中国作为一个爱好和平，友好热情的国家，在发展模式和发展道路上已经得到了很多国家的认可，中国取得的发展成就也惠及了很多国家，越来越多的国家都产生了与我国合作的意愿。但是仍然存在着一些不怀好意的敌对势力，企图把我国在各方面取得的成就定义为“威胁”，而对于我国输出的优秀文化和我国的主流意识形态，也采取恶意解读甚至“抹黑”的态度，他们总企图利用强势的话语权来进行意识形态渗透。

从中国文化对外传播的角度来看，掌握话语权、构建中国在国际社会的话语权体系是为中国文化的“走出去”铺平道路，也是为提升中国的国际形象打好基础。目前，尽管中国文化同一些西方文化相比，在影响力和认同感方面还存在一些不足，但作为世界上唯一从未中断的文明，中国文化在新时代也取得了较大的发展成就，应当在国际社会发出更多的声音。

（二）国际发声问题

中国有深厚的历史文化积淀，也有着高水平的智力资源，但是在文化对外传播方面，中国和一些西方发达国家相比，影响力还比较小，想要实现让中国文化在世界范围内获得更高的关注度和认可度，就要让世界通道更多的中国声音，也就是说，也解决“国际发声”的问题。

在当今国际社会，以美国为主导的西方媒体一直掌握着主要的话语权，在一些重大的国际事务上拥有控制舆论的能力。而在文化领域，部分西方国家也一直企图用文化渗透的方式来对其他民族的文化进行改变甚至吞并，某些推崇文化霸权主义的国家则依靠其强大的综合国力，对他国的文化进行否定，且过度输出其自己的文化，这对于我国的文化对外传播的发展来说是不利的。

因此，在推动中国文化对外传播的过程中，一定要注重借助媒体、科技等途径，增强中国文化的话语权，依靠经济社会的发展，以及文化事业的进步，来提高“中国声音”的影响力，让更多的国家有机会听到中国在国际社会的发声，让中国优秀的文化走进越来越多人的视野。

二、中国文化对外传播话语权问题的对策

中国文化对外传播在话语权方面主要存在着话语体系和国际发声这两个方面的问题，如果不积极解决这两个问题，文化对外传播则会受到一些阻碍，中国文化对外传播的进程也会发展缓慢。

当前，一些国家的媒体肆意操纵国际舆论的导向，对中国的发展以及文化的传播进行了一定程度上的“恶意解读”，这不仅不利于我国文化事业的发展，还有可能会损害我国在国际社会的良好形象，对我国的在国际事务中的话语权产不利影响。所以，解决我国文化对外传播话语权问题刻不容缓。

解决文化传播的话语权问题，主要有三方面的对策，如图 6－6 所示。

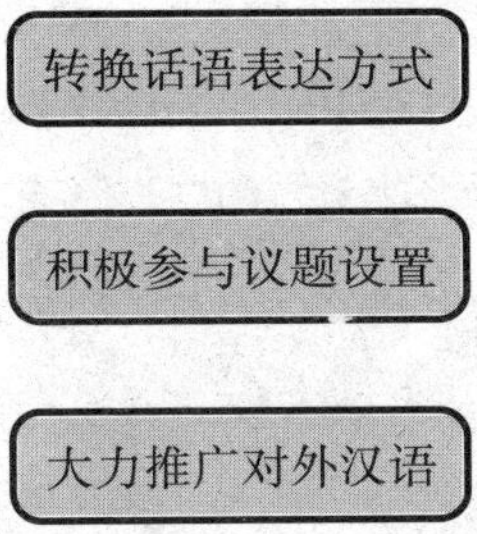

图 6－6　解决文化传播话语权问题的对策

（一）转换话语表达方式

优秀的文化成果是属于全人类的，每个人都有接受优秀文化熏陶的权利。中国文化作为世界上最古老的文化之一，在思想、艺术、科技等领域孕育出了无数优秀的文明成果，这些文化成果曾经给整个人类文明的进步起到积极的推动作用。

如今，随着国际局势的日趋复杂，中国文化地位传播的进程也遇到了一些阻碍，这一是由于我国仍然是一个发展中国家，在综合国力等方面和一些发达国家相比还存在着一些差距，二是由于我国在国际上的话语权还不够充分，在一些国际事务上的声音还比较微弱。

因此，为了改变这种局面，让更多的人有机会接受优秀中国文化的熏陶，就应该转变话语的表达方式，让“中国声音”变得更加为世界所理解，从而获得更多人对中国文化的认可。

虽然世界文化具有多样性，且不同文化之间也存在着较大的差异，但不同民族之间的文化也带有一些共通的内涵，例如从人类文明的发展历史来看，大部分民族都要经历采集、渔猎文化、畜牧文化、农耕、养殖文化，最后到现在的工业文化和信息文化。所以，在文化传播方面，尤其是话语表达方式上，可以从这些共通的文化内涵开始进行一些改变，用大部分国家的人都可以接受的方式，来传递中华文化，这不仅可以提高文化传播的效率，还能够避免文化误解或者文化冲突。

在我国，主流意识形态是以马克思主义为指导的社会主义意识形态。随着国际形势的不断变化，以及信息时代下通信技术的进步，我国在文化和意识形态的传播方面，面临着更多的机遇和挑战。由于意识形态上的差异，想要推动中国文化的对外传播，就要进行话语方式的转换，这是关系意识形态工作是否顺利的关键。正确、合理的话语表达方式不仅有助于协调各国在文化领域的利益关系，还能够让博大精深的中国文化以一种更加大众化的方式走进更多人的视线，获得更多的认同。

（二）积极参与议题设置

议题设置，即大众传播对一些话题的强调，在大众传播的过程中，如果对某一件事进行大量的、多次的报道，那么整个社会就会对这个话题产生较高的关注度和讨论度，受众的注意力会受到引导，一部分人对该话题的态度和观念也会受到影响。

有关议题设置的概念和最早是美国传播学家唐纳德·肖提出的，该理论认为，在大众传播对一些话题给与足够的关注度之后，就能影响公众舆论，从而影响甚至改变整个社会对一些事务的判断。尽管大众传媒不具有直接改变人们思考问题方式的功能，但它也可以一些人们的关注焦点，引导人们去关注那些最重要的事，所以，受众也往往会去关注那些媒体集中报道的事件。

对于文化传播来说，积极参与议题设置是增强在国际社会中的话语权的主要策略之一，只有积极参与各种国家交流活动，同世界各国合作打造更多的文化交流评台，增强中国文化的参与度，同时积极利用新媒体等各种手段加强中国文化在世界文化领域中的分量，才能更好地推动中国文化走向世界。

自党的十八大以来，以习近平为核心的领导集体就在新时代背景之下，针对文化对外宣传方面提出了很多新的思想观点和要求，为我国的文化对外传播工作指明了前进的道路。其中，议题设置就是文化对外传播的核心和关键，是一项具有前瞻性、针对性和时效性的策略。

在各种国际舆论相互交织的背景之下，积极参与议题设置，就要做到坚持全球化视野，就要遵循文化对外传播工作的基本规律，努力实现科学设计和精细操作。还要从整体出发，把握国际舆论的整体导向，紧紧抓住现代中国价值观，增强议题设置的统一性。

此外，还要坚持“以我为主，为我所用”的原则，在文化传播的过程中，从促进国家文化事业的发展，提高人民文化生活水平以及促进世界文化繁荣发展的大目标出发，坚持不懈地把优秀的中国文化传播出去。同时，要争取主动权，切忌被他国牵着走，要积极寻找利益的共同点，坚持走和平传播的道路。

最后，要把中国文化传播给全世界，讲好中国故事，积极参与议题设置的同时，还要关注外国受众的心理，也就是所谓的“到什么山上唱什么歌”，要根据受众所处的文化环境灵活应变，把中国文化以一种更为容易接受的方式传播给更多的人，把中国文化的内涵同国际社会普遍认可的认知规范相对接，和传播地区当地的文化习俗相对接，然后再利用文化的各方面元素实现议题表达。

议题设置具有导向性作用，积极参与议题设置对于增强中国文化的话语权，提高中国文话的国际地位有着重要的作用，是中国文化走向世界舞台的必要前提之一。

（三）大力推广对外汉语

汉字是中国文化最重要的载体，汉语也随着中国历史的发展而不断演变，是记录博大精深的中国文化的重要工具。如今，汉语是世界上使用人数最多的语言，也是一些国家的第二官方语言，很多周边国家例如日本、韩国的语言文化都受到了汉语的影响。

语言是文化的一部分，语言是文化沟通的桥梁，了解和掌握一门语言，就获得了学习一种文化的工具，因此，从文化传播的角度来说，大力推广汉语在世界范围内的传播，在其他国家掀起“汉语热”的浪潮，也是提高中国文化在国际社会的话语权的有力途径。

自改革开放以来，中国加强了对外的联系，中国文化对外交流和传播的脚步也不断加快。我国一直非常重视对汉语的继承和传播，一直都把汉语的对外推广作为推动文化传播的助推器之一，例如在教育领域，我国已经在世界范围内的 120 多个国家和地区建立了 40 所孔子学院，用正规的教材、科学的教育模式来促进汉语和中国文化的对外传播。

但不可否认的是，同英语等其他国际通用语言相比，汉语对外推广的力度还不够，汉语推广对促进中国文化的传播作用还没有得到最大化的发挥，汉语对外传播依然面临很多困难。出现这一局面的原因不仅仅是因为汉语文化的博大精深，还因为外国同我国之间的文化差异，甚至一些西方国家对汉语和中国文化的抵制。

例如，美国国务院外务局就把汉语明确划分为三级，也就是最难级别的一门语言，认为学习汉语要比学习其他如发育、意大利语等语言花费更多的时间和精力。但是，根据我国对波士顿分校和布莱恩特大学的两家孔子学院的调查发现，有 60％的学生在没有接触汉语之前认为汉语是非常难学的一门语言，但在经过两周左右的学习之后，只剩下一小部分的约 8％的人认为汉语很难学。这其实就说明了汉语推广不存在由于语言特点而造成的学习障碍，但也侧面反映出我国在汉语推广方面的工作依然有较大的提升空间。

因此，为了增强中国文化对外传播的话语权，就要积极推动汉语的对外传播，让更多的人接触汉语，打破“汉语难学”的偏见，在掀起“汉语热”的同时，也促进中国文化的传播和学习。

除了继续推动孔子学院的发展之外，促进汉语的全球化，还可以从以下几个途径入手。

首先，定义汉语的文化意义，让“学汉语就是学中国文化”的观念深入人心。汉语是中华文明的载体，也是中华文化的成就者，它凝结了一代代华夏儿女的智慧，是打开中国文文化宝库大门的一把钥匙。所以，学汉语绝不仅仅是掌握一门语言，而是通过学习这门语言来更好地感受中国文化的魅力。

其次，打造符合国际传播特点的创新型项目，给汉语在世界范围内的传播提供良好的平台。中国的高校可以积极同一些外国高校来合作，共同交流各自语言的演变史、发展史，在相互交流、互学互鉴中让汉语走进更多人的视野，增加文化领域内有关语言学习的项目活动。

第四节 中国文化对外传播的产业化模式问题与对策

文化产业化是近年来国家在文化领域提出的发展战略之一，是促进文化和经济发展的重要举措。从文化传播的角度来说，促进中国文化对外传播的产业化模式的发展，不仅有利于促进我国文化事业的发展，提高人民的文化生活水平，还能促进文化产业朝着支柱产业的方向发展。

一、中国文化对外传播的产业化模式问题

文化产业化，即在社会注意经济的大环境之下，文化产业行业或文化产业部门，为达到社会效益和经济效益的双重最大化，而采取现代生产和管理的方式来进行的综合性活动。

随着社会主义市场经济的发展，文化的产业化是以产业机制来促进文化的发展，在市场中实现文化产品和文化服务的社会效益以及经济效益，在市场的激烈竞争中生存和发展，从而让文化事业的发展同市场经济相协调，推动传统文化事业朝着现代文化产业转变。文化产业化是一种新型的文化产品生产、经营的方式，也是促进文化产业成为我国经济增长点以及支柱产业的必经之路。

在新时代背景之下，中国的文化发展同经济发展相互交融，文化具有越来

越多的经济功能，而促进文化产业的发展也是“十二五”规划的重要内容之一。党的十八大报告提出要发展新型文化业态，提高文化产业规模化、集约化、专业化水平，这其实就是为了促进文化产业成为我国经济支柱产业，也是为了推动中华文化走出去，建设社会会主义文化强国。

一个国家文化产业化的发展程度其实就反映出这个国家文化生产力的强弱，文化从来都不仅仅局限于某种意识形态，而是一种生产力要素，可以在一定程度上拉动经济的发展，促进经济形态的多元化。文化生产力的强弱决定文化产业的发展，文化产业是带有一定的经济性质的。文化产业化就是以各种文化要素为经营对象，整合文化资源，进行标准化生产。文化产业化可以促进国民经济结构的完善，为国家的经济发展增添新的动力。

文化的产业化，从一定程度上来说，就是在保持文化本质特色的前提下，把各种无形的精神财富转化为有形的物质财富。此外，文化产业化具有可持续发展的特质，它是一种新型的、环保型的产业，不同于传统产业所带有的“三高”的弊端，文化产业化发展在保护资源和环境方面另辟蹊径。随着中国文化事业的不断进步，文化产业化脚步也会越来越快，成为整个国民经济中的支柱之一。

自改革开放以来，中国在政治、经济、文化、科技、军事等领域都取得了举世瞩目的成就，中国的综合实力和国际地位都大大提升，不仅如此，在培养和增强文化软实力方面，也开始有了较大的进步，国家从政策、资金等多方面对文化事业发展的支持就体现出了这一点。

除了大力发展本国的文化事业之外，国家还积极推动中国文化走出去。至今，中国文化在对外传播方面已卓有成效，一些中国元素例如“中国功夫”“熊猫”“中餐”等已经通过孔子学院以及各种文化交流活动开始传播到世界各地。

但是，在文化对外传播的产业化模式方面，还存在着四个方面的问题，如图 6—7 所示。

（一）文化产品缺少特色，文化价值含量流失

中国有着广袤的疆域、悠久的历史，还有多元的民族，经过几千年的发展，中国文化已经沉淀出了丰富的内涵，正如一片浩瀚的海洋一般，中国文化可以为世界上的任何民族提供带有中国特色的精神食粮。

从文化对外传播的角度来说，中国博大精深的文化保证了对外传播在文化

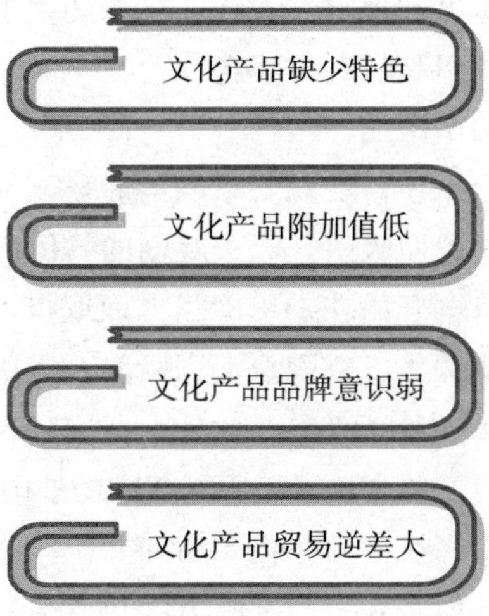

图 6—7　文化对外传播产业化模式问题

资源方面的充分度，也就是说，我们有太多优秀的文明成果可以传播到整个世界，兼具丰富性和多样性的中华文化是我们把它推向世界舞台的底气以及树立文化自信的来源。但是，凡事都要有侧重点，推动文化对外传播也不例外，绝不能“胡子眉毛一把抓”。在文化对外传播内容的选择方面，要优先推出那些最能够代表中华民族的、具有最鲜明中国特色的文化产品和文化服务，要选择那些既有民族特征又带有时代气息的文化内容。

不可否认我国作为世界上首屈一指的文化大国，在五千年文明历史的滋养之下，有充分的理由和底气在世界文明之林屹立。但是，同样不可否认的是，经过我国在经济、科技等方面已经取得了巨大的进步，在文化对外传播方面的速度和力度同一些西方发达国家相比，还存在较大差距，从某种程度上来说，甚至要比周边的日本、韩国还弱一些。所以，我国距离从“文化大国”转变为“文化强国”的目标还有较远的距离。

之所以会出现文化对外传播发展缓慢甚至受阻的局面，原因就在于文化对外传播的产业化模式方面存在不足，从文化产品和文化服务的角度来说，产品缺少特色，文化价值含量流失就是一大弊端。

2012 年，中国作家莫言获得诺贝尔文学奖，成为第一个获得诺贝尔文学奖的中国人。在获奖的当天，身处瑞士的中国留学生们为了庆祝这一荣誉，在斯德哥尔摩最繁华的购物中心表演莫言的经典作品《红高粱》中的部分情节。但是，由于该作品的文化深度和地域性太强，在场的很多外国观众无法理解和欣赏表演的内容，因而并未引起较大的反响。

不仅如此，京剧作为中国的“国粹”，一直都是文化输出的主要内容之一，但是对于大部分外国观众来说，在观看京剧的时候，他们往往被演员的舞蹈动作、装扮，以及舞台的布置而吸引，对于戏剧的具体内容和其背后的人文内涵关心较少。尽管近年来京剧开始在走出国门方面取得飞速的进步，国内外之间的戏曲交流活动也越来越频繁，京剧登上国际舞台吸引国外观众的同时，其真正的文化特色是否随之传递给了世界？此外，在国外现场观看中国戏剧演出的也大多是当地的华人以及一些真正喜爱中国戏剧的外国爱好者。

因此，不难发现，中国在推动文化产品和文化读物走向世界的同时，虽然把中国元素传递了出去，但是在引起共鸣方面仍有欠缺，一些推向世界的文化产品和服务虽然来自中国，但是仍停留在艺术交流的层面上，其本质特色和内涵没有得到认可，例如中国传统的艺术表演在世界范围内的火爆程度同美国好莱坞的电影相比，还存在较大的差距。这就启示我们，在选择对外传播的产品和服务时，务必要在保证文化价值含量不流失的前提下，把真正的文化传递给世界。

（二）文化产业附加价值低，产业链不完善

文化产业附加值，即通过一些媒体、公关等各种渠道，给消费者提供一个具有特别的内涵的形象，依靠这种形象来表达产品的意义。文化产品和文化产业的附加值都是无形的，是附着在有形的产品物质上的。价值是商品的基本属性，任何商品都是有价值的，价值是凝结在商品中的无差别的人类劳动，价值通过商品交换价值而体现。

在现阶段的商品流通过程中，任何商品都受到一定文化附加值的影响，这是不可避免的，文化附加值越高，该商品的价值就越能得到保障，而反之，如果一个商品的文化附加值较低，其自身的价值也很难实现，这其实是由消费者的消费心理所决定的。

文化产业链，即以内涵为核心，以创意为关键点，多渠道驱动文化产品和服务的生产，形成经济循环的链条。文化产业链存在两方面的特点：第一，文化产业链离不开主打的文化产品以及在市场上的美誉度，即一个龙头企业或品牌的产品能够在文化市场产生一定的影响力，具备创造出竞争力强的产品，且

拥有较强的市场开拓的潜力；第二，文化产业链总是基于相应的产业关联。

文化产业不仅要满足消费者的消费需求，还要满足生产性服务的需求，因为从本质上来说，文化产业作为一个生产服务产业，具有较强的生产服务功能，对其他类型的产业也有促进作用。从文化对外传播的产业链来说，随着价值链的拉长，不仅仅要依靠更先进的技术来完善各个环节，还要依赖于文化产品的创意与设计，更要关注整个文化产业的附加值，积极把外国受众的消费与体验相结合。

随着中国经济和科技的快速进步，文化产业链的发展得到了技术性保障，文化传播的媒介也得到了丰富。当前，除了一些传统的文化传播方式例如各种文化交流活动、文化艺术节、学术访问等，中国文化对外传播的途径还包括影视、新媒体、出版物等渠道。但是，从整个文化产业链的角度来说，一些文化产品和服务的附加值还比较低，整个产业链还不够完善，这也是造成传播渠道丰富和传播手段单调之间鲜明对比的原因，这同时也反映出当前我国在文化对外传播方面仍然缺乏创新意识。

文化传播其实是一种表达方式，只有与时俱进，不断创新传播方式，灵活采取多种渠道进行文化产业链的升级，增加文化产业链附加值，才能让更多的外国受众感受更加具有中国特色的文化产品和文化服务，才能让中国文化的文化产业成为国民经济的一大支柱，成为国家市场上强有力的竞争者。

花木兰是中国家喻户晓的女性形象，“木兰替父从军”的故事也被改编成了多部文学作品和影视作品，而花木兰这一经典形象，也已经成为中国传统文化的代表之一，“木兰替父从军”的故事向一代代人诠释了“忠、孝、勇”的美好品质。美国迪斯尼公司对花木兰的故事进行改变，并搬上了大荧幕，无论是1998年的动画版，还是2020年的真人版，都受到了世界范围内观众们的好评，也收获了不错的票房成绩。

但与此同时，花木兰作为一个中国的人物形象，在外国人的创意改编之下大获好评，这不禁引发了很多思考，巾帼英雄故事的背后所反映出的“忠、孝、勇”等中国传统美德是否能通过这些电影真正地传达给世界？这样的例子还有很多，例如派拉蒙影业公司和梦工厂动画公司将“中国功夫”和“熊猫”这两个带有鲜明中国特色的元素相结合，共同打造出了《功夫熊猫》系列电影，随后风靡全球，也让更多的人了解到了中国功夫。

这些由外国人改编中国元素而创作的文化产品其实都给我国的文化产业化提供了一些启示：只有提高文化产业附加值，不断完善文化产业链才能依托中国文化元素打造出符合世界范围内所有受众的文化产品，也就是说，只有丰富的文化资源对于推动中国文化走向世界是远远不够的，还要加强文化的产业化发展，延长文化产品产业链，推出具有高附加值的文化产品。

中国虽然不再是那个唐宋时期文化领先全世界的国家，但中华民族文化的底蕴和本色犹在，且正在随着时代的进步而不断丰富和发展。想要使优秀的中国文化走上更宽广的世界舞台，就要推动文化对外传播的产业化，增加文化产品的附加值，要转变传统的观念，积极丰富文化传播的策略和手段，逐步形成一条规范化的文化传播产业链。

（三）文化产品品牌意识弱，缺乏精品、名品

品牌意识，即在消费者的认知系统中所存在的品牌元素与购买欲望之间的双向联系强度，品牌意识是通过“品牌再现”和“品牌再认”二者的双重作用下产生的。品牌意识的强度指的就某种产品或者服务在消费者的脑海中存在的可能性，即该品牌的产品或者服务是否能被回忆起或认出。

品牌意识对于产品或者服务来说是非常重要的，良好的品牌意识能够促进产品和服务的推广，能够使产品获得更大的市场。此外，品牌意识还可以对消费者的选择起到很大的作用，举一个最简单的例子，人们在购物时往往更倾向于选购自己非常熟悉且信赖的品牌，且这种选择在一般情况下不会改变。

品牌其实就是一种无形的资产，它对于增加产品的附加值，以及传播品牌文化价值等都有重要意义。对于一个企业来说，如果想要获得良好的发展，就必须用心经营自己的品牌，打造自己的品牌文化，让自己的品牌在市场上拥有响亮的知名度。

从文化对外传播的角度来说，当前，在国际市场上，我国的文化品牌数量较少且还不够成熟，同一些外国文化品牌相比，竞争力也较小，基本上没有具备国际知名度的文化品牌。但是一些西方国家上的文化输出脚步在不断加快，如果我国不抓紧打造自己的文化产品品牌，很有可能会失去国际市场的份额，对我国的文化对外输出是不利的。

在文化部发布的《文化部“十二五”时期文化产业倍增计划》中，就明确提出：要打造民族文化品牌，强化品牌意识，扩大优秀品牌产品生产销售，还

要建立品牌授权机制，推出更多的具有国际知名度的文化品牌，这其实都是国家重视文化品牌打造的表现。

尽管目前，我国在文化品牌意识方面还不够强，国际知名的文化“精品、名品”还不够多，但是，随着我国文化事业建设的不断推进，也出现了一些在国际市场拥有知名度的文化产品，例如电视剧《甄嬛传》在日本等国热播，电影《一代宗师》在北美上映并获得好评，成为近 7 年来在北美票房最高的华语电影。

如今，在激烈的文化市场竞争中，只有打造响亮的国际知名品牌，推出更多的文化精品，文化企业才能站住脚跟、迈向世界，文化对外传播才能更顺利。

（四）文化产品贸易逆差大，大型跨国集团少

贸易逆差，即贸易赤字，也可以被称为“入超”，和“出超”相对。贸易逆差主要指的就是一个国家在一定时期之内，出口总值与进口总值之间的差额，当出口总值小于进口总值时，就会出现贸易赤字，即“贸易逆差”或“入超”。贸易逆差能够反映出宏观经济的运行情况，是衡量经济发展状况的重要指标。

文化贸易，即在世界范围内，不同的国家之间所进行的一种文化交换活动，这种文化交换活动往往以货币为重要的媒介，既涉及有形的文化产品如纸质出版物、音像录影制品等，同时也包括一些无形的文化商品和文化服务，例如关税、版权等。文化贸易是一个国家文化产业链条上的重要环节，与文化产品制造紧密联系，关系到文化产品的生产、流通与销售等领域。

文化产品往往都是带有双重性的，既有艺术性也有商品性。在一个国家生产的文化产品中，往往凝结着这个国家的文化，包括这个民族的价值观念、审美情趣、生活方式等，所以，在推动这些文化产品流向国际市场的同时，也是一个文化传播的过程。所以，在文化贸易方面，避免贸易逆差对于保护国家的文化产品市场有着积极的意义。

当前，我国的文化事业建设取得了较大的进步，文化走出去战略也在积极开展之中，但是，在文化贸易方面，我国才存在着“进口大于出口”的劣势，在整个国际市场上，我国文化产品和服务同一些发达国家相比，竞争力较小，这对于文化的对外传播是非常不利的。

因此，作为一个文化大国，中国从不缺少生产优秀文化产品的实力，但想要在国际市场上占有一席之地，就要大力扭转文化贸易逆差局面，在积极引进外国优秀文化产品的同时，也要保护好本国的文化产品，加强同一些国家的友好合作，为中国文化产品开拓更广阔的国际市场，培养一批中外合作的大型企业，为中国优秀文化产品提供更多的流通平台。

二、中国文化对外传播产业化模式问题的对策

当前，中国文化的对外传播在产业化模式方面主要存在产品缺少特色、产业附加值低、品牌意识弱以及贸易逆差大的问题，这些问题对于中国文化产品和服务在国际市场上的推广是非常不利的，也会阻碍中国文化的对外传播，必须用相应的对策加以解决。

想要改善当前我国文化产业模式中的不足之处，针对以上四大类问题，我国在对外传播产业化模式方面应该从一下四个方面着手来改进，如图 6－8 所示。

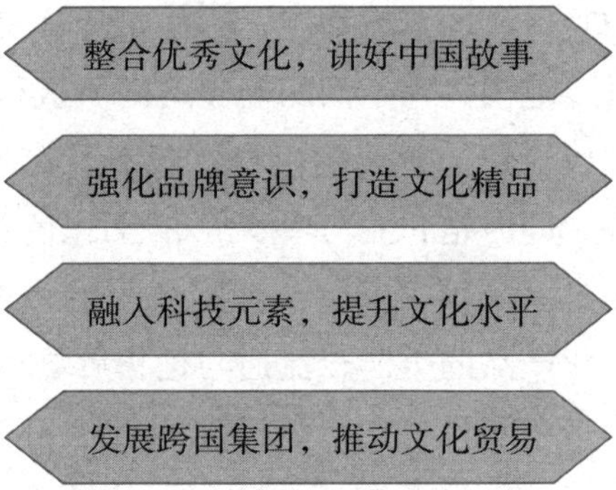

图 6—8　中国文化对外传播产业化模式问题的对策

（一）整合优秀文化，讲好中国故事

五千多年的中华文明孕育出了无数优秀的文明成果，在积极推动这些文明成果走出去的同时，务必要在内容选择方面加以考量，要对博大精深的中国文化进行整合，选择出那些不仅具有民族特色，同时也能够被世界上其他文化背景之下的受众所接受的内容，不仅要使中国文化“走出去”，更要让中国文化“走进去”。

所谓文化整合，从整个国际社会的角度来看，就是不同民族文化之间的相互交流，最终走向融合的过程。而从中国文化对外传播的角度来看，整合文化，

就是要把中国文化中最具有民族特色的、最能展现文化魅力的部分总结、提取出来，然后再进行选择，把那些能在世界范围内广泛引起共鸣的优秀文明成果传播给整个世界。

当今时代不仅是科技的时代，也是知识经济的时代，文化软实力已经成为了综合国力的一部分，而文化产业也开始成为了一个国家经济结构中的支柱。自党的十八大以来，习近平主席就多次提出要“讲好中国故事”，“讲好中国故事”不仅能让整个民族凝聚得更加紧密，也能让中国文化走上更大的世界舞台，给国际社会呈现一个立体的、真实的大国形象。

本立而道生，诚如冯友兰所说的那样，“盖举世列强，虽新而不古；希腊罗马，有古而无今，惟我国家，亘古亘今”，中国有自信把自己的文化故事讲好、并呈现出来。作为唯一没有中断的文明，中华文化以中华民族五千年的历史积淀为底蕴，那些陈列在博物馆的文物、那些散布在中华大地的文化遗迹、那些深藏在每个中国人心底的道德观念，都是中国故事的素材，都可以为文化的传播提供养分。

整合优秀文化，讲好中国故事，就是要在文化对外传播的过程中着重突出中国特色，就是要用全球思维讲好中国故事。周恩来总理就曾把《梁山伯与祝英台》形容为“中国的罗密欧与朱丽叶”，让当时所有的国际友人都明白了这个经典文化作品的含义。

在打造中国的文化品牌以及生产文化产品的过程中，要把中国的文化特色融进去，要增加文化产品的内涵，无论是影视作品、文学作品还是音乐作品，都要使中华民族文化的深厚内涵赋予其中，让更多的人感受中国文化的博大精深，也让中国文化在世界范围内获得更多的认可。

（二）强化品牌意识，打造文化精品

想要提高文化产品和服务在国际市场上的核心竞争力，就要强化品牌意识，打造更多富有中国特色的文化精品，让更多的中国元素走向世界舞台。

国内的文化企业应当树立较强的品牌意识，着力推出更多的好作品，避免粗制滥造，在追求“量”的同时，也要把握“质量”，追求经济效益的同时，也要注重文化效应、社会效应，不能为迎合某些不正确的思想价值观而推出不符合社会主义核心价值观的作品，不能为了谋取经济效益而违背行业原则，要始终用心经营自己的文化品牌，打造更多的精品，这样才有底气把这些精品推向

世界。

在打造文化精品，培育有国际竞争力的文化品牌时，还要注意抵制一些不正确的文化价值观的侵蚀，要始终保有中国优秀文化的底色、本色，一味地迎合市场或者一味地模仿某些流行的文化作品都不是长久之计，只有用心打造自己的作品，细水长流，才能实现“酒香不怕巷子深”，才能更好地开拓国际文化市场，推动更多的优秀文化作品走向世界。

（三）融入科技元素，提升文化水平

文化的发展和传播都离不开创新，这种创新既有发展内容上的创新，也有传播手段上的创新，而提到创新就离不开科技，在这个知识经济时代，只有把科技元素融入文化的发展和传播过程，才能与时俱进，不断向世界推出符合时代潮流的文化作品。

推动文化与科技的深层次融合，是促进文化事业发展、推动中国文化走出去的重要策略之一。文化和科技从来都是相互促进、相辅相成的，文化的发展促进科技的发展，科技的进步带动文化的创新；先进的文化理念是科技创新的思想动力，科技的进步是文化产业升级、文化对外传播的保障。

目前，我国的文化与科技之间的相互交融正在推进，文化产业体系也在科技的助推之下不断完善，文化产业的转型和升级都取得了成效。但是，不可否认的是，我国距离“文化强国”还有一定的距离，同发达国家相比，我国的文化产业以及文化的对外传播过程还存在很多不足之处，文化产品的原创性有待提高，文化产品的科技含量不够高且缺乏特色，文化产业体系和产业链条也不够完善，对于新兴的互联网技术的应用也不够充分。

虽然我国曾在古代时期凭借着“四大发明”等科技成就彻底改变了世界文明的传播方式，中国的文化也曾长期在世界处于领先地位。但自近代以后，由于封建统治的逐渐衰落以及闭关锁国政策的影响，我国的科技发展脚步开始停滞不前，文化的发展和对外传播也受阻。反观当时的西方国家，在工业革命的推动下，科技的进步促进了其文化的发展。

如今，新一轮的科技革命正在如火如荼地开展，各个国家都希望通过科技的进步来带动经济和文化的进步。我国也应当积极地抓住这次机会，推动文化产业转型和升级，为文化产业的集约化、爆发式发展拓展新的空间，让更多的科学技术创新改善文化产业的发展模式，让科技的进步为文化的对外传播提供

更多的手段和途径。

把科技的进步融入文化的发展，利用先进的数字技术改造、升级文化产业链，是增强我国文化产品竞争力的必要条件。在这个科技迅速发展的时代，想要在世界市场中为中国文化产品和服务谋求更好的发展空间，就必把科技元素融入文化产业的每一个环节。

（四）发展跨国集团，推动文化贸易

当前，我国在文化贸易方面存在贸易逆差，同国外文化产业机构之间的合作也不够深，这对于中国文化走出去是不利的，因此，加强对外合作，发展一批跨国文化集团，全面推动文化贸易的发展是当前的主要任务之一。

国之交在于民相亲，民相亲在于心相通，文化交流其实就是两国人民之间的交流，文化的传播也离不开合作。例如在历史上，两百多年前，美国商船“中国皇后号”来到中国，一百多年前，在美国的中国工人参与美国建设，而七十多年前，联合对抗共同的敌人拉近了中美两国人民的距离，如今，中国在美国的多所大学设立孔子学院，越来越多的美国人开始了解并爱上中国的文化。

自“一带一路”战略提出以来，我国在文化贸易的发展方面就取得了不小的成就，中国同“一带一路”沿线的许多国家都在文化领域签署了政府间的合作协议，尤其是近年来，中国同沿线多个国家的高层交往密切，民间的文化交流活动也越来越频繁，各种文化节、艺术展、文艺演出、电影周以及旅游项目等合作内容丰富，这种“多层次、宽领域”的文化交流方式大大促进了我国的文化贸易发展，给中国以及沿线多个国家的文化产业发展带来了机遇和挑战。

文化贸易不仅是拉动世界经济贸易的新动力，也是促进一个国家文化事业发展的关键。当前国际政治经济局势复杂，中国的文化发展也面临着诸多的风险和挑战，例如美国的传媒产业、电影业，韩国的娱乐业，日本的动漫产业，以及英国的出版业都在国际市场上占有较大比重的份额，这些国家也基本确立了其在整个世界文化产品贸易中的重要地位，我国在实施积极的文化战略的同时，也要加强同这些国家的合作，在世界范围内培养大型跨国公司，以这些跨国公司来主导文化创意产业市场。

在“一带一路”以及科技革命的大时代背景之下，中国应当抓住机遇，迎接挑战，积极在激烈的竞争中寻求合作的机会，在促进本国文化创新发展的同时，积极借助科技手段促进文化对外贸易的发展，努力扭转文化贸易逆，培养

大型跨国公司，积极借鉴发达国家文化产业发展模式中的优点，再结合自身的优势加以借鉴，逐渐让文化贸易所带来的经济效益和文化效益惠及更多的人，也进一步促进中国文化的对外发展，提高中国文化的国际影响力。

第五节　中国文化对外传播的市场营销问题与对策

文化的传播很大程度上要依靠文化产品和文化服务的传播，因此，中国文化对外传播的市场营销问题也是当下有待解决的一大问题，文化市场营销对于中国文化传播的产业化发展也有着重要的意义。

一、中国文化对外传播的市场营销问题

市场营销，是以商品交换为主要活动内容的一种经济联系形式，也经常被称为市场学、市场行销或行销学，属于商品经济的范畴。对于任何一个企业来说，市场都是至关重要的，它是企业营销活动的出发点和落脚点。

市场营销不仅是一种职能，也是企业为了实现自身的利益而进行创造、沟通以及传递客户价值，目的是给自己的合作伙伴、客户以及整个社会带来经济价值。市场营销是营销人员从市场的角度出发，展开一系列的经营动、销售行为，从而创造经济效益。

市场营销环境，即那些能够对企业在市场营销方面所采取的措施而产生影响的各种内外部因素的总和。企业在市场营销环境中展开经营活动，总是会受到其中一些因素的影响甚至冲击，例如客户、供应商、社会文化与各种法律法规等。

市场营销环境又可以分为宏观市场营销环境和微观市场营销环境。

宏观市场营销环境往往包括一些企业依靠其自身力量很难控制的因素，这些因素对企业的运营效率和营销能力会产生较大的影响。宏观市场营销环境所涉及的因素主要有：社会经济、人口、自然环境、经济条件、政治条件、法律、科技以及社会文化等种种因素。这类因素环境因素对企业所产生的影响一般都是间接的，所以，宏观市场营销环境也叫间接营销环境。

微观市场营销环境主要包括一些和企业的运营有直接的、紧密的联系的因素，这些因素可以直接影响一个企业的运营效率和市场营销能力，例如企业自身的经营状况、营销中介、消费者、供应商、营销中介、行业竞争者等。微观市场营销环境对企业的运营起直接的影响作用，因此，也被称为直接营销环境。

微观市场营销环境和宏观市场营销环境之间是一种主从的关系，而非并列关系，微观市场营销环境有时会受到宏观市场营销环境的限制作用，微观市场营销环境中的因素会受到宏观市场营销环境中的各种因素的影响。

从中国文化对外传播的角度来说，市场营销问题也是一个关系到整个国家文化事业发展的重要问题。能否使中国的文化产业成为国民经济的支柱产业，能否顺利实现文化产业的转型升级，能否增强中国文化产品和服务在国际市场上的竞争力，都关系到中国文化的未来发展，对我国提高文化软实力、增强国际影响力以及提高国际地位来说都是至关重要的。

当前，国际局势越来越复杂，很多国家在大力发展经济和军事的同时，都在实施积极的文化战略，力求将本国的文化输出、利用文化产业带动经济的发展，文化软实力之间的竞争在整个国际社会中成为一个焦点。我国也在近年来提出了建设文化强国的目标，从“文化大国”到“文化强国”，任重而道远。

我国在文化对外传播的市场营销方面主要存在两大问题，如图 6—9 所示。

图 6—9 我国文化对外传播市场营销问题

（一）缺乏对目标市场的分析

文化市场营销，即以文化消费群体和文化经营单位为核心，以满足消费群体的文化生活需求（消费者的心理、精神）为出发点，在经过市场调查和分析的基础之上，以文化产品的策划、生产和促销为内容而向广大的消费者群体提供优质的文化产品和文化服务，从而完成一个满足消费者需求、完成企业目标的过程。

文化市场，即各类文化产品和文化服务通过商品的形式来进行交换，这种交换关系、交换活动以及交换领域的总和就是文化市场环境。市场营销，就是为了在变幻莫测的市场环境之下满足消费群体的需求，力求实现企业和目标所进行的一些列和市场有关的管理活动与业务活动。

文化市场营销主要就是以文化消费群体为核心的文化产品和服务的生产活动，这种活动以满足文化消费者的需要为出发点，往往要在前期经过大量的市场调研，之后再进行文化产品的策划、生产和销售等环节。通过向消费者群体提供优质的文化产品和文化服务，消费者和企业的需求都能得到一定程度的满足。

想要使中国的文化产品和文化服务拥有更多的竞争力，想要在国际文化市场上占有更多的主动权和市场份额，就必须对目标文化市场进行详细的、准确的分析，没有调查就没有制定策略的基础。所以，在进行文化产品策划、生产和销售之前，应该对目标市场中的各类因素如消费者需求、目的市场文化、目的市场法律法规等诸多因素进行调研。

当前，我国在分析目标文化市场上仍然存在很多不足，这一点从很多方面都有所体现，例如很多深受国内影迷喜爱的中国电影，在“走出国门”方面“步履艰难”，然而，一些由外国影视公司出品的、由中国文化元素改编的电影，如《功夫熊猫》《花木兰》等却能在世界范围内广受好评，同时，在国际影视领域，很多国内著名的中国演员在国外的知名度就远远不及一些好莱坞影星，很多国内的歌手，尽管有许多优秀的作品，但在国际大型音乐奖项方面几乎没有什么收获。

文化走出去，就离不开文化产品和文化服务的推广，而为了实现文化产品的畅销，就一定要在前期对目标市场进行充分的调研，我国的很多文化企业在这一方面还做得不够，这就经常导致一些优秀的文化作品到了国外却“不合外国受众的口味”。中国五千多年的历史文明积淀给我国的文化产品的打造提供了丰厚的素材土壤和灵感源泉，在文学、艺术和娱乐领域，我国也绝不缺乏优秀的人才，但是，如果没有对目标受众的文化背景和消费习惯进行一定的调查和分析，就很难避免“不合口味”情况的发生。

因此，对于国内的文化企业来说，在策划、生产以及制定销售策略之前，要确定好目标受众的范围，要对这些受众所处的文化环境以及他们普遍的价值观念进行调查，还要特别注意目标市场的一些规定，积极展开同当地一些知名文化企业的合作，做好充分的准备，然后再开始推动文化产品的“走出去”进程。

（二）缺乏相应的整合营销机制

整合营销是一种营销理念或者营销方法，就是把营销手段和营销工具结合起来，并且根据内外环境的变化而及时作出相应的调整，从而使交换的双方在交换过程中达到价值增值。“整合”即将各种独立的营销综合为一个大的整体，让其产生一定的协同效应，例如将一些广告营销、人员推销、直接营销、销售促进、客户服务等独立的营销工作整合起来，用战略性的眼光来审视、整合营销体系，从而制定出符合企业实际情以及目标市场环境的营销策略。

有关于整合营销的相关概念是由美国西北大学教授唐。舒尔茨于20世纪90年代提出的。市场营销理论从本质上来讲，就是“根据企业的目标来设计战略，然后支配企业的各种资源，从而达到企业的战略目标”，以传媒类企业为例，整合营销就是从“以传者为中心”到“以受众为中心”，从而达到一种传播方式的改变。

整合营销是一种更加倾向于以消费者群体为中心的营销理念，是一种以消费者为重点的企业行为和市场行为，在这种营销理念的指导之下，企业往往综合运用各种形式的传播媒介，以一定的目标和形象来传递一致的产品信息，从而建立和消费群体之间的联系，在消费群体的心中树立品牌的地位，从而达成一种和消费者之间的密切关系。

整合营销其实就是一种“量体裁衣”，其侧重点就在于目标市场中的绝大部分受众，而非少部分的人，整合营销就为了达到消费者需求满足的最大化，把精力、资源的浪费降至最低。整合营销就是要建立和消费者之间的沟通，增加消费者和品牌之间的接触和联系，让更多的消费者能够在使用产品时加深对该品牌的印象和了解，这对于建立品牌效应也是十分重要的。

从中国文化对外传播的角度来说，整合营销机制对于拓宽海外文化市场，促进更多的中国文化产品走出去有着重要的推动作用，这也是当前我国很多文化企业还欠缺的地方。从文化产品销售的角度来看，整合营销机制就是要在对目标市场进行调查的基础上，分析各种有利和不利因素，然后综合支配文化企业的各种资源，利用多种手段来促进文化产品和服务的销售。

中国不缺少优秀的文化作品，也不缺少优质的文艺创作者，但只有在对目标市场进行分析的前提下，整合营销机制，才能更加了解目标受众以及外海的文化市场环境。在这个文化贸易飞速发展，文化软实力竞争激烈的时代，我国的文化企业也要肩负起推动中国文化走出去的责任，打造更多优秀的、有中国文化特色的作品，再通过多种销售策略和营销手段，把中国文化产品和服务推广到整个世界。

二、中国文化对外传播市场营销问题的对策

中国文化对外传播在市场营销方面主要存在“缺乏对目标市场的分析”以及“缺乏相应的整合营销机制”这两大问题，如果不能妥善地解决好这两方面的问题，对于我国文化产品在国际文化市场上的流通是不利的，也会使我国文化传播产业化的进程受阻。因此，积极解决有关目标市场和营销机制这两方面的问题，才能更好地促进中国文化的对外传播。

有关中国文化对外传播的市场营销问题，可以从四个角度来提出的解决对策，如图 6—10 所示。

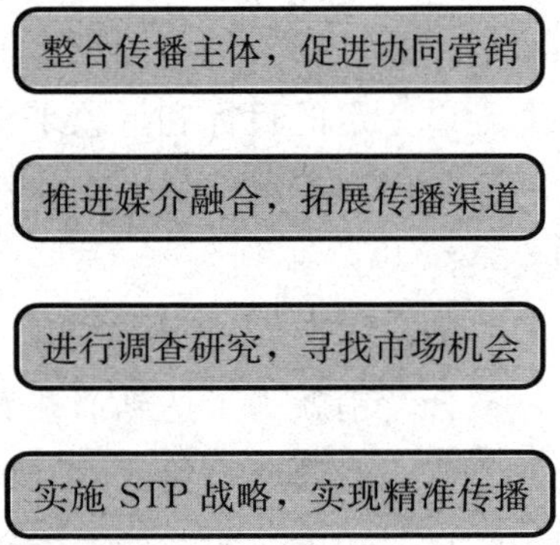

图 6—10　中国文化对外传播市场营销问题的对策

（一）整合传播主体，促进协同营销

文化的传播主体是多元的，而非单一的，在促进中国文化对外传播的过程中，应该积极调动各个方面的力量，整合所有的主体，形成协作力，共同促进协同营销的开展，让中国的文化产品从目标市场调查到产品策划，从整合营销机制到制定销售策略，每一个环节都能有多方力量的参与，提高营销的效率。

从我国的文化传播的现状来看，文化传播的主体主要包括国家文化相关部门和组织、民间文艺组织以及文化企业，这三者都通过不同的途径为我国的文化传播作出贡献，尽管各自的出发点、传播手段以及最终达到的效果有所不同，

但是这三者之间可以通过加强合作来为文艺的对外传播提供新的思路。

国家的相关文化部门和文化组织在中国文化的对外传播中发挥着主导作用，一些国际性的重要文化交流活动往往都是由政府部门主导的；民间的各种艺术团体、组织也是文化对外传播的重要力量，近年来，中国同很多国家进行了文化艺术团体之间的互访，各种文化节、艺术展、电影周等形式丰富的活动都吸引了很多国外游客；最后，各种各文化类企业如出版公司、传媒公司、影视公司等也是推动中国文化对外传播的重要力量，以电影行业为例，2013 年由银都机构有限公司出品的电影《一代宗师》就在国外受到好评，引起了很多人对中国功夫的兴趣。

整合传播主体，促进协同营销，就是要求国家有关文化部门要从国家的利益出发，统筹安排，出台相关的政策措施，为民间文化组织和各类文化企业提供更多的平台和良好的环境，在政策方面，要根据内外环境形成配套政策体系，不仅要为文化产品的流通提供资金支持，还要出台相关的法律法规，保护本国的文化企业，避免不良竞争。

人民是文化的创造者，民间文化是中国文化的重要组成部分，是文化创作者的灵感来源，中国作为一个多民族国家，不同地域的文化也有各自的特色，各种民间文化组织也是促进文化对外传播的重要角色。以地方旅游业为例，地方的特色文化在吸引外国游客的同时，当地文化企业可以和民间文化组织合作，推出更多的地方特色文化产品和文化服务，在促进地方文化传播的同时，也带动当地的经济发展。

最后对于文化企业来说，无论规模的大小，都应该承担起一定的社会责任，积极响应国家的号召，不断创新，推出能够让世界范围内受众接受和喜爱的文化作品。各类文化企业要善于利用国家相关优惠政策，在创作文化作品之前，应该先积极调查受众市场，包括消费者所处的文化背景、消费者群体的价值观念、当地文化市场的法律法规等，还要积极和当地的文化企业展开友好合作，力争为中国的文化产品和文化服务开拓更广阔的市场。

此外，还要充分发挥民间社会团体以及作家、艺术家等个人在中国文化对外传播过程中的积极作用，积极调动、整合各方面的力量，促进协同营销，让中国文化产品和服务有更广阔的市场。

（二）推进媒介融合，拓展传播渠道

文化的对外传播的媒介有很多种，并且随着时代的进步而不断发展。自古以来，中国文化对外传播的媒介就随着经济、社会和科技水平的发展而不断丰富，从古代的“丝绸之路”开始，各种农作物、奇珍异宝等开启了人类文明交流的第一个阶段，也就是通过各种器物来进行文化的传播。随后，中国的“四大发明”等科技成果开始传入欧洲，而欧洲的宗教文化也开始传入中国，人类文明的交流媒介不再局限于器物，还增加了宗教、教育等媒介，中国同世界之间的联系加强了。

由此可见，文化的传播离不开各种媒介，尤其是在科技飞速发展的今天，网络通信技术的进步拉近了人与人之间的距离，也给文化的交流和传播提供了更多的媒介，现在，人们足不出户就可以在互联网搜索有关其他国家文化的内容。

从文化对外传播的角度来说，推进各种媒介的融合，积极拓展各种传播渠道，能够提高文化传播的效率，能够促进中国文化在传播的广度和深度上的进步，能够实现将科技元素融入文化传播的全过程，促进文化传播的同时也带来一定的经济效益，从而推动文化传播的产业化发展。

促进各种文化传播媒介的融合，拓展文化的传播渠道，就要积极利用各种资源和手段，在推动中国文化“走出去”的形式方面进行创新，例如可以把一些民间的艺术文化交流活动同中国的传统节日相结合，利用春节、国庆节或者一些纪念日，在国外举办一些高水平文化交流活动，增进两国联系的同时，把中国传统的节日文化传播给其他国家的人民。

为了增进世界对中国的了解，就要从多个层次积极开展文化领域的互访活动，主动展开对外文化合作，可以以城市为依托，进行城市之间的友好交流；要继续办好各种中外文化节、旅游节、艺术节、电视周以及文物、艺术品展览等工作；积极发挥我国驻外机构在文化宣传方面的作用；积极利用我国在国际社会的影响力，让“中国声音”传得更远，我国的相关文化机构要积极参与国际规则的制定，逐渐增强在各类国际文化活动中的话语权，与世界各国一起维护人类文明的多样性。

要积极发挥各种文化载体对于文化传播的作用，借助一些在国际上享有知名度的电影节、电视节、博览会、音乐盛典等平台，推广中国的文化产品和文

化服务；把一些优质的国内文化作品推向国际舞台，让更多的文化作品或者文艺团体代表国家参加一些奖项的评选或者一些国际赛事，从而展示我国的国际形象和文化实力；拓宽民间交流与合作的平台，鼓励更多的民间文艺团体、组织以及民营企业和个人到国外进行访问交流或表演，加强同国外民间文艺领域之前的联系。

此外，为了积极拓展文化传播的渠道，还可以通过一些商业性的艺术展览、商业演出、文化产品销售等各类能够带来一定经济效益的活动；要积极加强在学术领域同国外学者或者学术机构之间的交流，共同促进人类在哲学社会科学方面的进步；积极建立健全中外高校交流机制，通过互派留学生、专家学者等来加强高素质人才之间的交流，促进我国教育体系的进步；把文化对外传播工作同其他领域深度融合，把文化交流融入国家的外交、旅游、体育、科技等多个领域，充分调动各方面力量，形成对外文化交流的合力。

（三）进行调查研究，寻找市场机会

不对市场进行调查，就没有制定营销策略的基础，就无从对产品策划、生产、销售等环节制定良好的计划，因此，进行前期的调查研究是非常重要的，是寻找市场机会的关键。

市场机会，其实指的就是一种需求，特指市场上尚未被满足的那部分需求，这种需求广泛存在于市场的方方面面，在不同的领域都可能会存在。对于企业来说，了解市场需求是其制定生产计划、营销策略的基本前提，对市场进行详细的调研，也是任何一个企业进行产品策划的第一步。

无论任何一个企业，满足市场需求、满足广大消费者的需求都是盈利的关键，但对一个企业来说，市场机会虽然存在于很多方面，但只有一少部分才有实际的意义，才能为企业带来效益。每个企业的市场营销人员都应该对市场进行充分的调查，来了解其特点和类型，这样才能发现更多的、对企业有利的市场机会，从而制定有效的策略来抓住市场机会，为企业的发展提供大的方向。

从文化对外传播的角度来说，对国内外文化市场进行调查也是促进我国文化产品更好地走出去、推动我国文化事业发展的重要基础。那么，对于我国的文化企业来说，该如何寻找各种市场机会呢？

对于企业来说，为了寻找和发现更多的市场机会，特别是在国际文化市场上寻找能够给文化企业同时带来经济效益和文化效益的市场需求，就首先要建

立相对完善的市场营销信息系统，企业的工作人员要经常性地对市场展开各方面的调查研究工作。具体包括以下几个方面的内容。

首先，企业的市场营销部门要配备专业的人员，这些专业工作人员要经常性地进行实地调研或者阅读相关的数据、报刊资料等，部门内部要经常性地召开各种调查会议，征集各部门对于市场需求的看法以及对策，分析行业竞争者的优势和劣势，例如了解哪些类型的文化产品可能受到外国受众的青睐，并且不容易受到其本土的产品竞争。

其次，企业的市场营销部门也可以以本公司的特色文化产品为制定营销战略的工具，或者以公司所发展的新业务的战略为制定营销策略的思路，在推动特色文化产品在国际市场上的销售时，以那些带有中国文化特色的产品和服务为重点，吸引外国受众，拓宽市场机会。文化企业的市场营销部门还可以积极对文化市场进行细分，从而发现那些尚未被完全满足的市场需求。

通过以上这些措施，企业可以在竞争激烈的国际文化市场上，积极利用和发挥自己的优势，寻求更多的市场机会，为中国文化产品的销售拓宽道路。但是，值得注意的是，在寻求和积极制定策略，满足市场需求的同时，也要对市场进行准确的评估，要结合企业自身的情况，要明确并非任何一个市场机会都可以为企业所把握和利用。所以，在寻求到市场机会之后，文化企业的销售部门要对市场机会进行一个分析和评估，有选择地去满足市场需求，正确地选择和利用市场机会才可以为企业的产品带来光明的销售前景，反之，则可能使企业错失良机，甚至导致经济损失。

（四）实施 STP 战略，实现精准传播

文化的对外传播要依靠文化产品和文化服务的对外输出，这种输出要在一定的范围内对一定的受众进行精准的传播，这样的文化传播活动效率才更高。

STP 战略是一种针对促进市场营销而被提出的一种战略，其中 S、T、P 这三个字母分别是代表 Segmenting，即市场细分，Targeting，即目标市场，Positioning，即市场定位，在现代经济社会，STP 营销战略是现代市场营销战略的核心之一。

首先，市场细分（Segmenting），即企业要对市场也就是广大消费者的不同需求进行清晰的划分，要根据不同消费者对产品或服务的种种需求，把整个市场分为几类不同的消费者群体，根据此再逐渐勾勒出市场的“轮廓”。

其次，在划分好市场范围，勾勒出市场的大致“轮廓”之后，接下来就要确定目标市场（Targeting），要根据企业的特点以及整个市场的大环境来确定具体要进入的一个或者多个细分市场。

最后，就是要进行市场定位（Positioning），即企业要在目标市场的消费者群体中建立一个固定的印象，其实也可以理解为一种品牌意识，这种消费者对企业品牌的认知和印象即为定位。

文化产品和文化服务的精准传播离不开市场定位，有了精准的定位，企业就能在划分的市场范围中为自己的产品树立起一个特定的形象，形成品牌效应，让该品牌的产品和服务能够在消费者群体的心里占据这重要位置，也使得企业能够确立更加合理的经营目标、能够与时俱进，在顺应市场变化的基础之上，为消费者群体提供综合化的服务。

总之，STP 战略可以帮助企业明确产品受众群体，从而确定市场范围，以及企业的发展方向和发展空间，帮助企业发掘更多的市场机会，使得企业能够充分利用自身的优势和已有的各种资源，有目的地增强自己的竞争优势，调整营销策略。从文化对外传播的角度来说，利用好 STP 战略，对于文化的产品的对外传播有以下几点优势。

首先，有利于划分文化产品的受众市场，从而确定文化产品营销策略的制定方法。不同国家的受众生活在不同的文化背景之下，对文化产品的需求也是不同的，国内的文化企业要在划分好受众市场之后，根据自己公司的特色来制定符合目标市场的营销策略。

其次，为中国的文化产品发掘更多的市场机会，开拓新市场。通过市场划分，文化企业更加了解每一个细分市场的消费群体的文化背景以及购买力等特征，从而有助于企业探索出更能带来经济效益和文化效益的市场机会，从而及时制定策略，必要时进行产品创新，来更好地适应市场的需要。

最后，STP 战略可以一定程度上帮助我国的文化企业节省成本，提高经济效益。进行完精准的市场定位之后，企业就可以集中各种财力、人力和物力，来争取那些最能带来效益的目标市场，然后再针对目标市场，生产大量适销对路的文化产品，这样不仅可以及时满足市场需求，还可以保证企业的经济效益。适销对路的文化产品和文化服务又可以促进商品的流转，从而降低企业的生产、销售等成本，实现经济效益的全面提高。

第六节　中国文化对外传播的人才问题与对策

文化的竞争从某种程度上来说就是人才的竞争，人才问题也是文化传播过程中不可避开的一个话题。从古至今，中国文化领域曾诞生了无数优秀的人才，这些人才留下的文学、艺术、科技等方面的成就品共同组成了灿烂的中国文化，在今天，想要促进优秀文化进一步走出国门，就必须解决当下存在的人才方面的问题。

一、中国文化对外传播的人才问题

人是文化传播的最重要载体和媒介，从人类历史进程的角度来看，很多文明的传播和融合都是人类迁徙活动作用的结果，所以人不仅是文化的创造者，更是文化的携带者和传播媒介。

如今，中国的文化事业在随着中国特色社会主义的伟大实践而不断发展，中国文化对外传播的角度也随着中国同世界的紧密联系而不断加快。近年来，我国在文化交流的过程中越来越注重对文化人才的培养，各种国际性的学术活动以及机构和高校之间互派留学生、访问学者等活动都显示出我国对于文化传播的重视，也显示出文类人才的珍视。

在“一带一路”战略这个大背景之下，我国同其他国家的经济文化交流日益密切，但是，不可否认的是在文化对外传播的人才问题方面，我国也存在着一些不足，主要表现为以下三个方面，如图 6－11 所示。

（一）复合型人才缺乏

复合型人才就是那些在一定的领域内非常擅长，同时在其他各个领域也有一定能力的人才。复合型人才不仅在自己的专业领域能够达到出类拔萃，同时还掌握了较多的相关技能，能够在多个领域发挥自己不同方面的能力。

如今随着经济和科技的发展，各种领域相互交融，社会对复合型人才的需求也在逐渐加大，例如随着信息技术的进步，在诸如证券、银行、保险等行业，对人才的能力早已不仅仅局限于本专业，对人才的计算机使用技能也提出了相

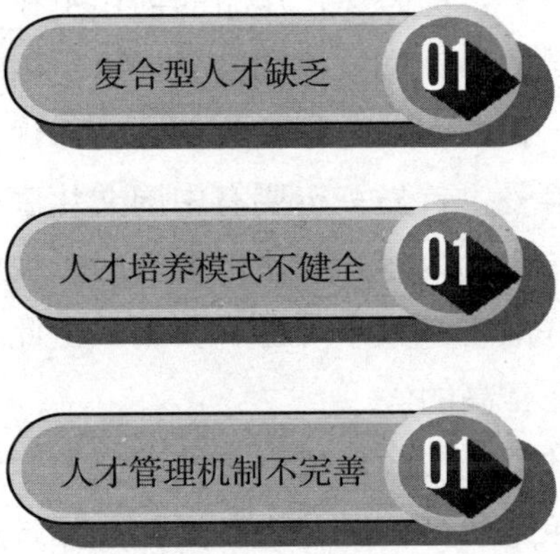

图 6—11　中国文化对外传播的人才问题

应的要求。

复合型人才是未来社会和经济对人才的需求趋势，复合型人才最为一种“多功能人才”，往往能够较好地满足当下很多职业岗位的需求。复合型人才不仅包括能力复合，还包括知识复合和思维复合等等。

在这个各个学科相互交融的时代，科技的进步促进了经济的发展，经济的发展也对人才的能力提出了更高的要求，不论是在任何领域，有“一技之长”是最基本的，而同时具备专业能力以及多领域思维和技能的人才，才能够在当今竞争激烈的社会拥有较为稳定的立足之地。

对于一个企业来说，复合型人才是非常重要的，在当今社会，企业之间的竞争有时就是人才的竞争，优秀的人才是一个企业长长久发展的必要条件。在国际文化市场上，各个国家都在积极输出本国的文化产品和文化服务，力求将本国的价值观传播到其他的国家，各个国际文艺领域的人才就是这种竞争中的关键因素之一。对于文化企业来说，如何有效地识别人才、留住人才、培养人才等都是企业能否生产出高质量文化产品的关键。

文化之间的竞争，其实从某种程度上来说就是文化人才之间的竞争，优秀的文化领域工作者是促进我国文化事业发展的主要动力，更是推动我国经济和科技进步的重要驱动。我国有优秀的文化底蕴，在文学、艺术等领域也不缺乏优秀的人才，但是，在复合型人才方面仍有欠缺，这对于文化企业的长久发展以及我国文化的对外传播都是不利的。

复合型人才对于一个文化企业来说主要有以下几个方面的意义。

首先，随着科技的发展，优秀文化作品的创作不在局限于某一种单一的技能，而是需要多学科领域的知识和技能的储备，这也因此对文艺领域的复合型人才提出了相应的需求。目前，以电影业为例，一部优秀的电影作品要想走出国门，受到国外观众的喜爱，首先一定要有中国文化底蕴和文化特色，要有那些大部分外国受众很少接触的内容，其次，优秀的影视作品还离不开优秀的剧情、出色的演技以及良好的视觉效果等种种要素，由此可见，一部优秀的影视作品对于人才的要求是非常高的。

其次，在当下复杂的文化市场环境中，复合型人才的视野往往更宽广，能同时站在多个不同的领域来看待问题并进行文化创作，这有利于企业的创新发展，能保证企业不断地推出符合市场需求并带有创新特色的文艺作品，从而保证企业的可持续发展，也给国内受众和国外受众带来符合时代特色的精神，让更多的人感受中国文化的同时，也能在艺术、科技等领域体验到美的精神享受。

（二）人才培养模式不健全

人才培养模式，即在一定的教育理念或理论的指导下，按照一定的思路和目标来培养人才，在这个培养过程中，往往会涉及相应的培养模式、培养内容以及最终的人才评估模式。

人才培养模式，其实相当于是一种对人才培养目标的设定，以及为了实现这一目标而采取的一系列培养手段。人才培养模式主要包括以下几点具体内容：第一，明确的培养目标，即要把人才培养成哪一个领域的人才，要把他培养到什么样的程度等；第二，为了实现第一步的目标而进行的整个培养过程；第三，为实现既定的培养目标，而应当制定的一系列培养制度和最终的评估制度；第四，与培养制度相匹配的教学方式和教学手段。

用一个公式来表达人才培养模式就是：人才培养模式＝培养目标＋培养过程＋培养方式，或者：人才培养模式＝教学目的＋管理和评估制度＋教学方式和方法。

党和政府历来重视我国的教育事业的发展，随着经济社会的不断发展，我国的教育事业也在一代代人的努力之下不断进步，我国的教育体系不断完善，各领域的人才培养都取得了一定的进步。

但是，在文艺领域，我国的人才培养模式方面还存在一定的欠缺，人才培养模式不健全是我国文化对外传播方面存在的一大问题，需要加以解决，否则会影响我国文化对外传播事业的进一步发展。

以电影行业为例，我国在国际影坛的知名影视作品较少，虽然我国不乏优秀的电影题材、优秀的编剧、优秀的导演以及演员，但是和其他影视业发达的一些国家相比，我国依然存在较大的差距，例如一些奥斯卡之类的国际性电影奖项，我国基本没有涉足，这其实就从侧面反映出我国在电影行业人才培养的不足，也反映出人才不足对于文化走出去会造成一定的阻碍。

2020 年 2 月 11 日，第 92 届奥斯卡颁奖典礼在美国洛杉矶好莱坞杜比剧院举行。韩国电影《寄生虫》最终获得最佳影片，而著名韩国奉俊昊也凭借该电影获得最佳导演奖，韩国电影的巨大进步，也给我国的影视业发展敲响警钟，中国不缺乏影视创作的土壤，有大量的优秀的题材可供创作者们汲取灵感，但是能否创作出像《寄生虫》一样广泛受到国际社会的认可的作品还要依靠优质的影视业人才。

以影视行业为例，我国虽然有众多优秀的演员，但是也不乏一些专业素质有待提高的“演技拙劣”的演员，有特别是近几年来，被很多国内观众诟病的“演技尴尬”“念台词”等现象时有发生，这其实都体现我国影视行业人才培养机制不健全等问题，这也是导致我国少有影视作品能够享誉海外并获得国际认可的重要原因之一。

影视行业人才培养的不足其实仅仅反映出我国文化领域人才培养模式存在的一部分问题，整个文化领域其实还有很多机制需要去不断地完善。优秀的文艺作品终究离不开用心地创作，只有不断完善人才培养模式，才能为我国文化事业的发展打好基础。

（三）人才管理机制不完善

文化的对外传播离不开人才的培养，更离不开人才的管理，除了完善人才培养模式之外，人才管理机制也需要得到完善，双重机制的保障之下，文化的对外传播事业才能更加有保证。

人才管理，即一些能够对人才作用的发挥产生一定影响的因素，例如一些组织、计划、控制、协调等活动。有关于人才管理的概念最早在 20 世纪 90 年代被提出，当时，很多企业为了发掘人才、培养人才以及保留人才，从而纷纷制定各种人才管理策略，从而来保证人力资源的充沛，为公司创造效益。

人才管理机制主要包括八个方面的内容，这八方面内容也又一定的顺序性：

招聘、保留、培养、领导力开发、绩效管理、考评以及人才规划。人才管理机制的核心就是吸引人才、聘用人才、培养人才以及保留人才，这是一个完整的、发挥员工价值的过程，是任何企业都应该关注的重点。

因此，人才管理机制主要涉及了人员的吸引、招聘、测评、培养、绩效管理以及继任与保留等多个方面。人才管理机制其实主要关注的核心，就是各个领域的高素质人才，就某一具体的领域来说，人才管理就是寻找适合于特定领域的特定岗位的人才。

从文化对外传播的角度来说，加强人才管理机制的不完善，是培养文化领域人才，发挥文化领域人才价值的必然要求。当前，我国不仅存在人才培养模式不健全的问题，在人才管理的机制上也存在不足之处，这都对我国文化事业的发展和文化的"走出去"产生了不利影响。

以民间艺术领域为例，很多带有地方特色并且已经有几百年历史的民间艺术正在逐渐走向消亡，其中一些优秀的、带有鲜明地方特色或者民间特色的艺术形式不仅得不到社会的关注，也没有得到较好的继承，这其实都是中国传统文化的一种损失。

之所以会出现这种对民间传统艺术形式的"漠不关心""无人继承"，部分原因就在于文化人才管理机制不够完善。这些优秀的民间艺术的学习和继承很多都是由一些剪辑比较大的老一辈人来完成，很少有年轻人对这些优秀的文化遗产感兴趣，更不用提继承和发扬，这一点就业就体现出人才管理机制中"吸引人才""培养人才"以及"留住人才"的缺失。

随着经济和科技的进步，人们对带有高科技元素的文化产品和文化服务更加感兴趣，但其实，中国传统文化尤其是地方传统文化中还有很多的宝藏在等待挖掘，正所谓"民族的才是世界的"，想要让中国文化真正走出去，就必须让那些优秀的、有中国特色的艺术形式留存下来，并发扬出去。

但是，对传统民间艺术文化的继承不能总是依靠老一辈的人，当代的年轻人也应当成为传统文化的继承者和发扬者，只有这样，文化才能一代代保留下去。所以，这就对我国的文化人才管理机制提出了新的要求，即要不断完善人才管理机制，让那些优秀的中国传统文化"有人继承、有人发扬"，让传统的文艺形式和当代的高素质人才相结合，让越来越多的人发现中国传统艺术之美。

二、中国文化对外传播人才问题的对策

中国文化对外宣布在人才培养方面主要存在三类问题：第一，缺乏复合型人才；第二，人才培养模式不健全；第三，人才管理机制不够完善。这三个问题对当前我国文化人才队伍的建设、优秀文化产品的创作以及文化“走出去”战略都会产生不利的影响。因此，用相应的策略解决这三大问题当前促进文化事业发展的重点之一。

根据文化人才方面的三大问题，主要可采取四个策略来完善这一领域的不足，如图 6－12 所示。

图 6－12　中国文化对外传播人才问题的对策

（一）打造复合型人才团队

在这个文化发展同经济领域、科技领域相互交融的时代，发展文化事业以及促进文化的对外传播也不仅仅局限于文学、艺术等领域，而是涉及了社会的方方面面，这就对文化传播人才提出了更高的要求，培养更多的高素质复合型人才以及打造复合型人才团队是当下解决人才匮乏的重要手段之一。

打造复合型人才团队，重要应该做到以下几点：

首先，从源头培养，不断完善高校培养体系，加强高校学科建设。在学科设置方方面给与相关高校更多的自主权，积极增设一批互联网技术应用等专业

课程，让学生在掌握本本学科专业内容的同时，学习更多的信息技术，从而实现对多个领域知识的掌握，不断为文化事业的发展培养高素质复合型人才，为文化事业的推进提供坚实的人力资源后盾。

其次，要从文化传播的各个环节入手，培养不同领域的人才，保证文化对外传播的每一个环节都有高素质复合型人才的把关。在一个文化企业内部，从市场调研、产品策划、产品生产、产品销售到产品反馈，这其中的各个环节，都需要各类人才的创新与合作。因此，想要成功地促进优秀的文化产品走出国门，就离不开优秀的团队配合，所以要从文化传播的每一个环节入手，培养各领域的复合型人才。

最后，要大力培养一批“爱文化、善管理、会经营”的高素质复合型人才队伍，特别是在文化对外传播领域，要大力培养一批热爱中国文化并且有意愿让更多的人了解并喜爱中国文化的人，要发掘各个领域中的高素质人才，并依靠良好的人才管理机制，将不同领域的人才融入文化事业的发展之中，要让那些不但在文化领域有所造诣，并且还在诸如经济、社会、科技等领域有相关知识储备的人，能够为中国文化的“走出去”贡献出自己的力量。

（二）培养对外文化传播管理人才

党和政府历来重视人才的培养和管理，曾多次强调培养人才、吸引人才以及使用人才这三个环节的重要性。当前，在文化传播事业方面，培养对外传播管理人才有助于我国文化传播各项活动的有序开展，对于当前我国文化对外传播中存在的一系列管理方面的不足，必须从管理人才的培养着手，加强对文化传播事业的综合性把握。

管理人才，往往是那些同时具备专业知识和社会经验的人才，他们一般都有较强的统筹能力、组织能力和规划能力，善于处理各种人际关系，机动灵活、应变能力很强。他们还能做到与时俱进，在觉察内外部环境变化的基础上，管理型人才能够调动一切资源来促进目标的达成。

为实现目标，想要培养文化对外传播管理人才，必须做到以下几点。

首先，要在人才工作机制方面进行创新，让更多的人才聚集到国家的文化传播事业中来，从而营造一个“人尽其才，人才辈出”的良好氛围。有了人才工作机制的保障，才可以更好地进行人才引进、人才培养，反之，如果缺少工作机制的保障，那么即使有好的人才，也很难留住或者发挥其价值。在当前这个国家文化软实力竞争激烈的国际社会，创新人才工作机制才能让更多的优秀人才把自己的力量贡献给国家的文化传播事业。

第二，随着国家人才市场的不断完善，要大力创新人才市场的配置机制，从而促进人才的有效配置和合理流动。要积极建立健全人才市场体系，实现机制创新，大力促进人才资源的社会化，因为这是建立人才市场的基础，还要不断深化人事制度改革，突破“部门所有”的壁垒，突破各种所有制、行业身份的限制，努力实现人才配置合理化和人才资源的社会化，让各类型的人才都能将自己的价值发挥到最大化。

第三，要努力实现市场体系统一化和人才市场的规范化，从而创造一个多元的、开放的人才市场。要建立起一个面向整个社会的人才市场体系，让处于不同地域、不同行业、不同部门、不同层次的人才都能融入人才市场。还要大力促进人才市场的规范化，政府要加强其宏观调控的职能，促进人才市场朝着规范化、法制化方向发展，要逐步建立起人才流动、职业培训、劳动保护、收入分配、争议仲裁等方面的法律体系。

最后，要大力推动人才市场执法队伍的建设，健全人才市场许可证制度以及各类年审制度，努力维护人才市场的公平和规范。还要建立人才中介服务协会，建立行业规则、行业等级标准，还要大力加强对人才资源专业能力的考核和资格认定，不断完善整个人才市场体系及其各类服务功能。

（三）改革对外文化传播人才培养模式

怎样才能培养出更多的文化传播人才，关键之一就在于改革人才培养的模式，根据当前我国文化传播人才方面存在的三大类问题：缺乏复合型人才，人才培养模式不健全以及人才管理机制不完善，应当主要采取以下三种人才培养模式。

首先，是注重知识与能力传承的“导师培养制”。“导师培养制”顾名思义就是注重导师教育的人才培养模式，这种培养制度往往以导师的指导为核心，依靠导师和学生之间的相互信赖，以及导师个人的学术水平和教育能力，来实现对人才的培养。在实施这种传统的人才培养方式的过程中，也要进行一定的改革创新，要摆脱过去的“单向输出式”教学，要加强师生之间的互动，在培养内容方面，不仅要注重专业知识，还要重视思想道德教育和实践能力的培养，从而实现继承基础上的创新。

其次，是注重实践能力培养的“项目培养制”。“项目培养制”就是以项目为依托，把人才安排在具体的项目活动中，在完后项目的过程中，实现对人才的培养。实践是认识的来源，实践也是培养人才的基础，理论知识如果得不到在具体实践中的应用，就无法真正地掌握。在“项目培养制”之下，有计划、有组织地把人才安排在项目活动中，通过实践来学习知识、磨炼意志、提高能力，从而培养出既有丰富的知识储备又有强大的实践能力的全面型人才。

最后，是注重培养、提高创新研究能力的“创意培养制”。“创意培养制”主要侧重于培养人才的创新能力，它不是仅仅围绕知识的教授，也不局限于某一个具体的项目，而是就一个具有较高研究价值的创意来展开研究，然后进行深入的探索，最终实现突破，在对创意进行探索的过程中，人才的各方面能力得到提高。在科学技术飞速进步的时代，这种依托创意研究的人才培养模式是符合时代潮流的。

“创意培养制”适用于一些国家或某机构投资的价值性较高的探索性研究，这种研究一般以人才的创意为主要导向，不受一些外部力量的干涉，能够给研究者提供一个相对稳定、自由的研究环境，相关的季候也会为这种创意研究院提供一定的资金支持，在这样的环境之下，人才可以尽情地发挥自己的才能，在探索和研究过程中提高自身的价值。

以上三种人才培养模式各有其特点，都是新时代下符合国家发展需求的人才培养模式，也是对传统人才培养方式的创新，也都适用于文化传播人才领域。总之，创新人才培养模式一定要在一个相对稳定的、涉及多领域的大环境下运行，要在人才多样化观念的指导下，尊重各行业人才的需求，鼓励个性发展，推动人才知识结构的优化，增强人才的创新能力和实践能力，不断提高人才的综合素质，逐渐形成一个“人才辈出”的繁荣局面。

（四）充实对外文化传播人才队伍

人才队伍的建设对于国家各项事业的发展都是至关重要的，党和政府历来重视国家各个领域人才的培养，正所谓“一年之计，莫如树谷；十年之计，莫如树木；终身之计，莫如树人”，在这个经济、科技等各个领域都快速发展的时代，文化事业的发展同样离不开人才队伍的建设，只有不断扩充文化对外传播的人才队伍，中国文化的“走出去”战略才能有充足的人力资源保障。

近年来，特别是在“一带一路”战略提出以来，党和中国政府推出了一系列促进中国文化对外传播的政策，随着与不同国家在经济、科技等领域的交流不断深入，中国对外文化交流活动也越发频繁。人才队伍一直都是保障和支撑中国文化对外传播各项工作的重要资源，其对促进文化传播的重要性不言而喻。

但是，当前，我国在文化传播领域的人才队伍建设方面仍然存在很多不足，人才供给不足也常常导致中国文化在对外传播的过程中遇到很多困境。所以，充实对外文化传播的人才队伍就显得愈发重要。

根据当前我国经济和文化的发展现状，扩充文化对外传播队伍，主要应当做到以下几个方面。

首先，要用包容的、创新性、战略性思维去发现人才、开发人才，促进人才事业的发展，努力实现“聚天下英才而用之”。在新时代背景之下，加强文化传播人才队伍的建设，就先要坚持党管人才的基本原则，坚持党领导一切，坚持党管理人才，不断地巩固、扩大党的执政基础，发挥其政治优势和组织优势，加强党对人才工作的领导，创新人才工作方法，才能加强文化人才队伍的建设，为文化的传播事业提供坚实的人才保证。

其次，要坚持“发展是第一要义”的原则，充实文化传播人才队伍，要以促进文化事业的发展以及文化的“走出去”为最终目标。充实人才队伍要围绕这个中心，要有大局意识和服务意识，要明确促进文化的发展和传播才是人才工作的最重要的使命。因此要积极调动一切因素，大力培养各行各业的人才，并不断扩大培养的规模，始终围绕文化发展的需求来开展人才队伍的建设。

再次，在我国人才总量大、人才结构复杂的大背景之下，要坚持分类施策的原则，积极解决当前广泛存在于人才结构中存在的比较突出的问题。当前，我国各领域的高层次人才还比较匮乏，不同行业、地域以及所有制人才发展的水平是不均衡的，这其实在一定程度上制约了人才队伍的扩充和经济、文化事业的持续发展。因此，加强人才队伍的建设就必须从当前的大背景出发，依据各个领域或者产业的不同特点，实施重点培养政策，对人才进行精准定位和科学配置，逐步实现人才的有序流动，最大限度发挥人才创新的活力。

最后，要坚持机制创新。综观当今文化软实力竞争的大格局，其本质就是人才的竞争，也是人才培养体制机制的竞争，因此，人才培养体制机制的改革也是我国全面深化改革的重点内容之一，更是党的建设制度改革不可或缺的一部分。所以，加强人才队伍建设，就要不断完善人才工作的体制机制，不断深化人才管理体制改革，在分配机制和用人机制上加强创新，在人才开发、人才培养和人才使用等方面突破各类不合理的制度限制，逐步使人才机制变得更有活力，使人才环境产生良好的集聚效应，使人才政策得到创新发展。

第七节　中国文化对外传播的评估与反馈机制问题与对策

对文化传播过程和结果的评估和反馈是文化传播工作一个不可缺少的环节，这其实相当于一个总结经验与不足的环节，对于文化传播工作的长期开展有着重要的意义。尽管中国文化对外传播的历史由来已久，文化传播的经验也比较丰富，但是时代是不断进步的，为了做到与时俱进，就必须建立起完整的文化传播评估与反馈机制。

一、中国文化对外传播的评估与反馈机制问题

评估，就是评价和估量，这一概念广泛存在于教育领域和金融领域，是对教学行为和经济行为的一种评价，对于正在进行中的活动有着积极的指导意义。反馈机制，即对行为活动所产生的后果进行统计、总结和分析。反馈机制一般包括正反馈和负反馈，其中，正反馈可使系统偏离原本平衡的位置，不能维持系统的稳态，而负反馈可以通过自身的功能减缓系统内的压力，以维持系统的稳定。

从文化对外传播的角度来说，当前，在“一带一路”的战略背景之下，中国文化的“走出去”脚步也在不断加快，近年来，随着中国国际地位的提高以及国际影响力的增强，中国在文化领域也加强了对外的交流与联系，各种文化对外交流活动都在如火如荼地开展，中国也一直用自己深厚的文化底蕴为世界文明的进步和融合贡献着力量。

当今世界，全球化的脚步不断加快，随着科学技术特别是信息技术的进步，“地球村”不同国家和地区之间的联系越来越紧密，在这种密切的交往过程中，国际形象一直都是国家的一个“名片”或者“身份”，国际形象的塑造也是很多国家关注的战略重点。

对于正在飞速发展的中国来说，想要更好地融入国际社会，就必须者增强话语权，想要增强自己的话语权，除了强大的综合国力做保证之外，还要积极推动中国文化在世界范围内的广泛传播，要让中国的价值观念得到国际社会上更多人的认可。对于正处于发展的关键阶段的中国来说，在国际形象的塑造方面还存在着一些不足，中国当前面临的国家形象议题也愈发复杂。

中国对外交往的历史由来已久，在这个漫长而又跌宕的过程中，既有唐宋时期领先世界的繁荣局面，也有近代时期被远远落后于西方的屈辱，这也造成了当今世界对中国所产生的一种多元化的历史印象，有的国家不仅是中国的友好合作伙伴，还对中国的文化抱有尊重、包容的态度，而有的国家则对中国的文化价值观抱有相反的态度，甚至还存在恶意歪曲中国文化历史的倾向，而这种态度不仅不利于双方在各个领域的友好交往，也不利于世界文化的繁荣与稳定。

之所以会出现这种对当今中国文化所产生的各种矛盾的多元化印象，原因之一就在于中国近年来的高速发展增加了国际社会辨识中国的难度，一些对中国的和平崛起抱有反对态度的国家，对中国的文化也存在着消极否定的态度；原因之二就在于中国文化对外传播的力度还不够大，传播效果也没有及时得到良好的评估，对传播结果的反馈没有进行到位的分析，因此，各种对立的标签开始逐渐被一些别有用心之人贴在了中国的身上，这也使得一部分对中国还不够了解的国家开始出现对中国国家形象的混杂、模糊。

但是，一个国家的形象对于国家的发展和对外交流是至关重要的，改变一些国家对中国的负面印象不仅有利于改善双方之间的关系，还有利于促进中国文化的进一步传播，所以，随着中国对外交流活动的密切开展，相应的对文化传播效果的评估测量和反馈机制也要逐步建立起来，这是推动中国文化传播进程的一个重要步骤。

目前，中国文化对外传播在评估和反馈方面主要存在两大问题，如图 6—13 所示。

（一）评估测量方法单一

对文化传播效果的评估其实就是对传播过程发生之后，对中国文化影响力在当地所能产生的影响的一种评估，而当前，我国在文化对外传播的评估测量方法还比较单一，需要加强重视。

图 6—13　中国文化对外传播评估和反馈问题

根据当前中国文化的发展特点以及传播现状来看，中国文化的对外影响力主要指的就是一些带有鲜明中国特色文化要素，例如汉字、儒家思想、历史文物、中国功夫、中国美食等，对外国受众的思维方式以及行动所产生的作用。除此之外，中国的各类文化组织、大众传媒、中国人普遍的价值观等对外国民众的影响程度也是评估文化传播结果的重要指标之一。

影响力的作用程度一般可以从三个大的层次进行评估：认知、态度以及行为。首先，认知是影响力的初步阶段，从中国文化对外传播的角度来说，外国受众对于中国文化的认知程度就是评估中国文化传播结果的第一个层次。在传播文化的过程中，及时对外国受众对于中国文学、艺术、科技等领域的了解是很有必要的。

态度是评估影响力的中级阶段，从中国文化对外传播的角度来说，将优秀的中国文化传播给外国受众对于改善中国的国际形象，提高中国文化的影响力是有积极的促进作用的。所以，对外国受众对中国文化的态度进行评估也是衡量文化对外传播效果的重要指标之一，要从文化的各个要素入手，从微观和宏观的双重角度来分析外国受众对中华文化的认知和态度，并据此及时调整文化传播的手段和策略。

最后一个层次就是行为，这也是影响力的高级阶段。从中国文化对外传播的角度来说，如果越来越多的外国受众开始主动地接触甚至学习中国文化，则证明中国文化的对外传播的效率比较高，中国文化也对外国受众的行为方式产生了影响，而反之，则说明文化传播的效率有待提高，需要及时反思当前的传播手段，改进其中的不合理之处。

文化是一种复杂的社会现象，文化的对外传播进程也不可能一直是一帆风顺的，只有及时地对传播效果进行合理的评估，才能改进传播手段，完善传播效率，促进中国文化更好地走向世界。

（二）反馈机制不健全

当前，在中国文化对外传播的反馈机制方面，依然存在着一些不足，反馈机制不健全也是当前阻碍中国文化进一步对外传播的一个弊端。

在对外进行文化与交流的过程中，影响传播效果的因素除了文化方面的因素之外，往往还受到双方的外交关系以及外国受众对中国的政治、经济、文化、科技等领域发展现状的看法，以及建立良好的反馈机制对于了解外国受众对中国各方面的看法有助于制定更加合理的文化传播策略。

但是，当前，我国在文化对外传播的反馈机制方面仍然存在着“反馈机制不健全”的问题。尽管近年来我国不断开展了各个层次、各个领域的文化交流活动，但是这些文化交流和传播活动的效果如何，在外国受众群体中产生了怎样的反响，我国尚未建立一个完善的反馈机制，这对于文化的对外传播是会产生不利影响的。

因此，快速建立完善的文化对外传播反馈机制是当前促进文化更好地走出去的一个重要举措。

二、中国文化对外传播评估与反馈机制问题的对策

当前，中国文化在对外传播评估与反馈机制方面主要存在两大问题，一是评估测量方法单一，二是反馈机制不健全，这两个问题都对当前中国文化的“走出去”造成了一定的影响，因此，为了促进文化传播进程的发展，必须尽快解决这两大问题。

根据中国文化的特点、中国文化的发展现状以及国内外环境，解决中国文化对外传播存在的评估和反馈问题，主要应当从以下两个方面入手，如图6—14所示。

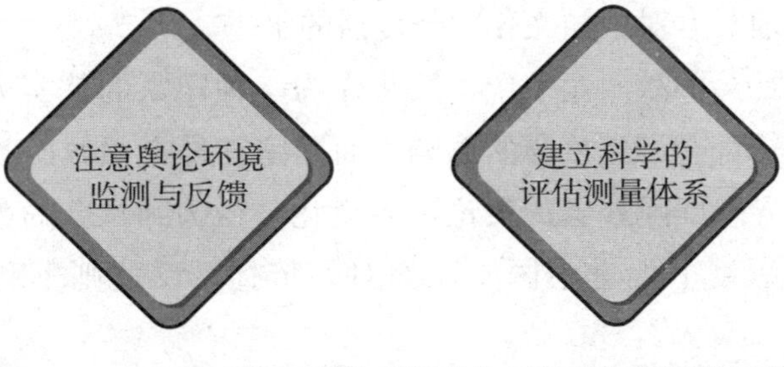

图6—14　中国文化对外传播评估与反馈机制问题的对策

（一）注意舆论环境监测与反馈

舆论环境，即舆论传播的社会环境，主要包括物质环境和政治环境这两个方面，涉及的因素主要包括整个社会的政治环境、人民群众的生活状况以及传播媒介的物质，这些因素共同构成舆论的产生土壤，是社会舆论产生的自然条件。舆论环境对于事物的发展有着重要的影响作用，舆论的发展状态也会受到社会环境的影响，适应社会环境的舆论，往往能够由小变大，从而逐渐发展为社会的主流意见。

舆论环境也包括多个不同的层次，例如按照地域的大小可以划分为国际层次、国内层次，或者地区层次和组织层次，按照群体种类又可以划分为党派的、阶级的、农民的、城市的、团体的和群体的，此外还可以划分为先进的、落后的，错误的、正确的等。舆论主体的统一性使得不同领域的舆论成为有机整体，舆论之间的相互影响和渗透使得舆论环境最终形成，并对生活在其中的人产生各种影响。

自近代以来，西方国家已经经营了长达几百年的文化霸权，在国际社会上也享有较多的话语权，这对中国文化的对外传播存在着一定的不利影响。如何时刻监测国际舆论环境，如何为中国文化的对外传播营造良好的国际舆论环境是当下亟待解决的问题。

以孔子学院为例，自其创办以来，经过几代人的不懈努力，已经在国际社会的很多个国家和地区树立了良好口碑和形象，但同时，孔子学院所教授的有关儒家思想的内容，也遭遇到过不同程度的负面舆论，一些别有用心的西方媒体甚至曲解、利用中方的一些外宣话语，这就经常导致中国在一些舆论环境中处于不利地位，所以，积极加强对舆论环境的监测与反馈，规避西方的话语陷阱，才能更全面地提升对中国文化对外传播的水平。

在当今国际社会的激烈竞争中，文化作为一种国家的软实力，对一国的外交、经济、政治等都会产生重要的影响，而国家在外交领域的政策以及在经济领域的发展又会导致国际社会的舆论产生变化，当国际社会的舆论对中国有利时，就能从一定程度上促进中国文化的对外传播，反之则不利于中国文化的传播。

所以，在推动中国文化走出去的同时，也要加强对舆论环境的监测与反馈，当发现出现歪曲事实的不利舆论时，要及时采取措施进行调整，要积极利用外交等手段加强同外部国际社会的沟通。

中国一直着力于促进文化的对外传播，依托“一带一路”的战略背景，中国在一系列的文化交流和传播过程中都取得了巨大的成就，文化传播事业的发展也促进了中国国际地位的提高以及中国文化影响力的增强，这些成就都在一定程度上为中国在国际社会这个大环境中营造出了良好的舆论环境，但是，我们也应该看到一些对中国文化恶意曲解现象的存在，这些不正当的行为对我国的文化传播工作的开展是不利的。

因此，为了增强中国文化在世界范围内的认同感，就要为中国文化营造一个良好的舆论环境，在积极推动优秀文化作品和服务走出去的同时，也要注重价值观的输出以及对文化遗产、知识产权等方面的保护。要时刻关注国际一些主流媒体对中国文化的发展或者文化相关事件的报道，必要时积极发挥本国媒体的影响力，让更多的“中国声音”为中国文化事业的发展以及文化的传播工作营造良好的舆论氛围。

多角度、多层次的文化传播方式给国际社会了解中国打通了更多的渠道，而借助中国媒体的各种深度宣传，以及中国文化的和平性特点，中国一定能为自己的文化传播工作营造出良好的国际舆论环境。

（二）建立科学的评估测量体系

完善而又科学的评估测量体系对于衡量文化传播的效果以及制定进一步的文化传播战略和手段有着重要的意义。随着中国文化的不断发展，各种形式的文化交流活动也变得越来越频繁，但是这些传播活动最终取得了哪些效果，对于提高中国文化在世界范围内的认可度和影响力是否起到了积极的促进作用，都需要一套完整的评估测量体系来进行判断。

首先，要聚集相关领域的人才，把这些高质量的人才资源分配在文化传播的各个环节，实现每个环节的及时评估和反馈，在遇到问题时也及时通过这些相关领域的人才进行解决，防止那些阻碍文化传播的因素反复出现。

其次，要积极利用一些媒体和相关调查机构的作用，发挥其优势，在一些文化传播活动结束之后，对外国受众的反响进行统计和分析。例如在一些中国古代文物展览或者艺术品展览活动举办之后，可以利用当地的中国媒体机构对参加此次活动的外国观众进行问卷调查或者采访，了解本次活动的举办成果，必要时积极听取外国游客的意见和建议。

最后，要建立其相关的数据库，对评估测量结果进行整体统计，组织文化领域相关人员进行及时的分析，对于当前文化传播策略中的合理之处要进一步发扬，而对于那些不合理之处要找出原因加以改进，逐步形成一个包括评估、收集反馈、统计、分析以及改进环节的完整测评体系。

当前，我国的文化对外传播还处于一个比较初级的阶段，和很多发达国家相比，中国文化的传播程度还不够深，范围也不够广，有很多方面还需进一步地加强和完善，这就对当前我国的文化传播工作提出了进一步的要求：首先，继续深度挖掘中国传统文化，特别要加大民间文化的开发力度；其次，不断拓展文化传播途径，增加文化传播的新媒介，逐渐形成一个开放的、全方的文化传播体系；促进文化传播的产业化，开发文化产业的多样性，推出更多富有中国特色的文化产品和文化服务；形成科学完善的评估测量体系，实现对传播过程每一个环节的精准把握。

中华文明正走在伟大复兴的道路上，中国文化的对外传播也定会重放异彩。